ADELGAZAMIENTO RÁPIDO Y SALUDABLE

Dr. Jacques Fricker

Adelgazamiento rápido y saludable

Un método sencillo,
basado en las investigaciones científicas
más recientes y adaptado a la vida cotidiana

Con la colaboración de
Anne Deville-Cavellin para las recetas

U R A N O

Argentina - Chile - Colombia - España
Estados Unidos - México - Uruguay - Venezuela

Título original: *Maigrir vite et bien*
Editor original: Éditions Odile Jacob, París
Traducción: Núria Viver Barrios
Foto del autor en la cubierta: © Emmanuel Robert-Espalieu

© 2002 *by* Éditions Odile Jacob
© 2005 de la traducción *by* Núria Viver Barrios
© 2005 by Ediciones Urano, S. A.
Aribau, 142, pral. – 08036 Barcelona
www.edicionesurano.com
www.mundourano.com

ISBN: 84-7953-599-7
Depósito legal: B. 18.249 - 2005

Fotocomposición: Ediciones Urano, S. A.
Impreso por Romanyà-Valls, S. A. – Verdaguer, 1 – 08786 Capellades (Barcelona)

Impreso en España – *Printed in Spain*

Sumario

Prólogo 9

PRIMERA PARTE
Cómo adelgazar rápidamente 13
Adelgazar a gran velocidad: las reglas del juego 15
Etapa 1: Cómo adelgazar a gran velocidad 25
Las bebidas 61

SEGUNDA PARTE
Cómo prolongar la pérdida de peso 73
Etapa 2: Cómo salir del régimen de gran velocidad 75
Etapa 3: Quiero adelgazar aún más 95
Estabilizo mi nuevo peso 101

TERCERA PARTE
Restaurante, hambre, invitaciones:
cómo controlar los momentos delicados 115
Tengo ganas de picar entre comidas 117
La hora del aperitivo 129
Las invitaciones 133
Comer en el restaurante 137
Para los adeptos de la bandeja ante la tele 145
Me marcho de vacaciones 147

CUARTA PARTE

Cómo asegurar el éxito 149
Proteger la salud 151
Adoptar una actitud flexible y determinante 161
Hacer una pausa cuando se necesite 165
Ser consciente de las expectativas personales 167
Adquirir confianza 175
No abusar de los sustitutos de la comida 181
Hacer la compra sin estrés 187

QUINTA PARTE

Trucos y astucias: cocina personalizada 199
Hierbas, especias y condimentos: los sabores sin los riesgos . . 201
Las salsas: dar personalidad a los platos 209
Aprender a cocinar con poca materia grasa 217
Si le gusta la cocina vegetariana 225
Adelgazar según el gusto de cada cual 229

SEXTA PARTE

Prácticas y golosas: mis nuevas recetas 243
Los entrantes fríos 247
Las sopas frías 251
Las sopas calientes 253
La volatería 255
La carne blanca 259
La carne roja 267
El pescado 273
Los huevos 279
Los platos compuestos 281
Las verduras 289
Los postres 293

Bibliografía abreviada 301

Prólogo

Este libro se ha actualizado según los datos de la investigación científica sobre nutrición, y se ha enriquecido con nuevos consejos prácticos adaptados a (casi) todas las situaciones; propone una forma natural y eficaz de adelgazar bien y, si es oportuno, de adelgazar deprisa.

Adelgazar *deprisa* es perder rápidamente peso en un periodo bastante corto, de unas semanas a varios meses. Adelgazar *bien* es adelgazar conservando la forma física y la salud, encontrando placer en ello, y aumentando las posibilidades de perder peso de forma prolongada y después de estabilizarse en el nuevo peso.

Usted sabe tan bien como yo que el principal reto es adelgazar *bien*. Pero, por razones personales o médicas, puede querer adelgazar con rapidez. No es usted el (la) único(a). Para responder a esta demanda, hemos visto surgir numerosos métodos, especialmente la dieta proteínica y la cirugía del estómago. Conozco bien los dos métodos, puesto que he realizado trabajos de investigación sobre la dieta proteínica y he colaborado con equipos quirúrgicos dedicados a la cirugía de la obesidad. Pueden ser muy útiles, pero sus indicaciones justificadas son limitadas; ambos deberían reservarse a las personas que padecen una obesidad real, porque están lejos de ser anodinos e implican modificaciones importantes de los hábitos alimentarios.

Para adelgazar *deprisa,* le propongo otro camino, desarrollado progresivamente a partir de las peticiones y las reflexiones de numerosos pacientes que, como usted, desean perder peso rápidamente. Lo he bautizado «el régimen de gran velocidad». Este régimen responde a criterios definidos por los expertos nacionales e internacionales en nutrición. Su objetivo es conseguir que adelgace deprisa, pero, además, bien:

– le proporciona los elementos nutritivos necesarios para la salud y la forma física;
– está compuesto por verdaderos alimentos, a fin de que encuentre siempre placer en comer, porque no se trata de hacer un régimen yendo a una especie de hospital para adelgazar a base de comer sobres de proteínas;
– está formado por verdaderas comidas, lo cual le permite comer con los suyos y mantener, en su vida diaria, la dimensión indispensable de convivencia;
– le proporciona soluciones para hacer frente a las diferentes tentaciones que podrían salpicar su camino;
– le propone recetas sabrosas y sencillas de realizar;
– su equilibrio y su duración no ponen en peligro su salud a largo plazo.

El principal desafío planteado por los regímenes rápidos no es seguirlos, sino saber cómo salir de ellos, cómo «aterrizar» para continuar perdiendo peso y después estabilizarse comiendo más copiosamente. Para conseguirlo, déjese guiar en la segunda parte de esta obra.

Este libro es el fruto de una larga práctica de la nutrición y de una reflexión profunda sobre su salud y sus aspiraciones.

Con él, dispone de los elementos para elegir o no adelgazar deprisa, y después, en caso de respuesta positiva, para llevar a buen puerto su proyecto. Pero recuerde que lo importante es sobre todo no recuperar peso después... Ojalá estas páginas le ayuden a conseguirlo.

Innovaciones que le ayudarán a tener éxito

Mayor libertad en sus elecciones, más sabores en su plato, más conocimiento sobre la salud de su cuerpo; tanto si necesita adelgazar deprisa como si prefiere tomarse su tiempo, este libro le ayudará a llevar a buen puerto su proyecto.

En los próximos años, este libro continuará evolucionando en función de la investigación científica y de mi experiencia como médico, pero también de sus observaciones. Ahora me toca a mí pedirle ayuda, querido lector. Hágame partícipe de sus impresiones, de su éxito y de sus eventuales dificultades, comparta con los demás lectores sus trucos o sus recetas. Escríbame a:

Docteur Jacques Fricker
Éditions Odile Jacob
15, rue Soufflot
75005 París

PRIMERA PARTE

Cómo adelgazar rápidamente

¿Quiere adelgazar deprisa?
El régimen de gran velocidad propone una manera
de conseguirlo sin poner en peligro la salud,
la forma física y las posibilidades
de éxito a largo plazo.

Adelgazar a gran velocidad: las reglas del juego

Lo que debe aportarme la comida

Si ha decidido adelgazar deprisa, tendrá que estar más atento a la elección de los alimentos, para alcanzar su objetivo y para evitar cualquier carencia perjudicial. Veamos cómo hacerlo.

Ante todo, proteínas

Las proteínas están presentes en todas las células y desempeñan un doble papel esencial para el buen funcionamiento de nuestro organismo. Por una parte, son, en cierta manera, los ladrillos de nuestro cuerpo, ya que determinan la estructura y las particularidades de nuestros órganos y músculos. Por otra parte, podríamos compararlas a los ordenadores que controlan la actividad de una máquina, puesto que dirigen el buen funcionamiento y el desarrollo del organismo (en este caso, son hormonas, enzimas, anticuerpos, etc.).

Cada día, una parte de las proteínas de nuestro cuerpo se destruye, porque su rendimiento disminuye; para sustituirlas, es indispensable que consumamos diariamente alimentos ricos en proteínas. En su ausencia, los músculos se degradan y los órganos se agotan progresivamente. El cerebro, y sobre todo el corazón, son los primeros en «pagar el pato», con riesgo para la salud tanto a corto como a largo plazo.

El régimen de gran velocidad le aportará, pues, una cantidad importante de proteínas, ni muchas ni pocas. Los investigadores estiman que, con este tipo de régimen, es conveniente un aporte entre 1,2 y 1,5 g de proteínas por kilo de peso ideal. Esta fórmula algo hermética se traduce de forma práctica en raciones de alimentos en el capítulo siguiente.

Puesto que desea adelgazar deprisa, le propondré cubrir sus necesidades esencialmente a partir de alimentos ricos en proteínas, pero pobres en calorías, como el pescado, la mayoría de las aves, la carne poco grasa, los huevos, el yogur y los quesos blancos.

Por eso, le aconsejo intensamente que consuma carne o pescado tanto a mediodía como en la cena, y que tome también en el desayuno alimentos ricos en proteínas, ya sean productos lácteos, o, si son de su agrado, jamón, carne fría o huevos.

Verduras para el éxito

Comer verduras en cantidad importante será un aliado muy útil para el éxito, por varias razones:

• gracias a su riqueza en vitaminas, oligoelementos y otros nutrientes de alto valor nutritivo, le permitirán estar en forma y tener buena salud;

• gracias a su riqueza en fibra, le facilitarán el tránsito intestinal;

• debido al esfuerzo de masticación que requieren así como al volumen que adquieren en el estómago, le saciarán con mayor rapidez y durante más tiempo;

• debido a su textura crujiente o blanda, y a la riqueza de sus variedades, le resultarán placenteras y le ayudarán a luchar contra el hastío de los menús repetitivos.

Por todas estas razones, le aconsejo que consuma una cantidad apreciable de verduras tanto en el almuerzo como en la cena (al menos 400 g al día) y que tome una fruta durante el desayuno o a lo largo de la mañana.

Aceite para la salud

En este régimen, el aceite interviene en varios aspectos:

• debido a su riqueza en ácidos grasos esenciales, indispensables para el equilibrio de nuestras células, participan en el buen funcionamiento del cerebro, en la fluidez de la sangre y en la belleza de la piel;

• debido a la untuosidad que aportan a las recetas y los platos, así como a su sabor a veces característico (sobre todo el aceite de oliva o el aceite de nuez), desempeñan un papel importante en el placer de comer;

• debido a su acción sobre la vesícula biliar, evitan la formación de cálculos en la vesícula, riesgo posible con los regímenes rápidos desprovistos de materias grasas.

Por eso, le aconsejo intensamente que no intente «hacerlo demasiado bien» y no elimine todas las grasas de su alimentación, con el pretexto de adelgazar más deprisa. Necesitamos una cucharada de aceite o, eventualmente, otro tipo de grasa (mantequilla, nata, margarina, etc.), al menos en una de las dos comidas (véase pág. 47).

Glúcidos, en cantidades muy pequeñas

Para adelgazar a largo plazo y después mantener el nuevo peso, los glúcidos, sobre todo los glúcidos lentos contenidos en las legumbres y los alimentos de origen cereal (pasta, arroz, sémola, pan, etc.) son indispensables. Sin embargo, si quiere adelgazar deprisa, tendrá que limitar durante unas semanas el aporte de alimentos ricos en glúcidos y seleccionarlos bien. De esta forma, la insulina (véase pág. 119) disminuirá intensamente en la sangre, lo que le permitirá quemar más fácilmente las grasas del cuerpo; el hígado transformará estas grasas en cuerpos cetónicos, unas moléculas energéticas que sustituyen a los glúcidos al cabo de unas 48 horas de régimen para atender a las necesidades de las células del organismo.

Por eso le aconsejo que mientras siga este régimen de gran velocidad no consuma ni pan, ni féculas, ni alimentos con azúcar; el aporte escaso de glúcidos debe proceder esencialmente de la fruta, la verdura, el yogur o el requesón.

Agua, para eliminar

Cuando se sigue un régimen rápido, el metabolismo del cuerpo se acelera en ciertos aspectos, lo cual conduce a un aumento de la fabricación de desechos, especialmente de ácido úrico. La acumulación de este elemento en la sangre puede dar lugar a crisis de gota o a cólicos nefríticos, en especial si ya era propenso anteriormente. Beber mucho durante el día permite eliminar estos desechos y reducir el riesgo de este tipo de accidentes.

Por eso, le recomiendo que beba al menos dos litros de agua al día, incluidas todo tipo de bebidas (agua, té, café, tisanas, etc.), pero evitando, por supuesto, las bebidas con azúcar, así como los zumos de fruta.

Alimentos crujientes y sabrosos, para el gusto

Uno de los principales reproches que hacen los que han probado regímenes a base de sobres de proteínas (véase pág. 181) es la dificultad de aguantar varios días sin masticar alimentos de consistencias diferentes y sin gozar de los múltiples sabores que éstos ofrecen. La presencia de verdaderos alimentos reduce el riesgo de cansancio y hastío.

Por eso, le aconsejo que coma verdaderos alimentos y no sustitutos de la comida, y que varíe sus compras y sus preparaciones, a fin de conjugar rapidez de pérdida de peso y placer en la mesa.

Tres comidas, para conservar los músculos

Cuando se sigue un régimen rápido, es importante hacer tres comidas al día, con objeto de perder sobre todo la grasa y conservar mejor los músculos. Pero, como leerá más adelante, puede variar los horarios de estas comidas en función de sus preferencias y sus costumbres.

Flexibilidad, para mayor simplicidad

Quiere adelgazar rápido, pero no desea alterar por ello la organización de sus jornadas, su relación con los demás, las comidas en familia o las comidas de negocios.

El hecho de poder montar sus menús a partir de un conjunto de alimentos relativamente amplio, la posibilidad de sustituir algunos alimentos por otros y de utilizar medios sencillos para realizar una cocina sabrosa será de una importancia capital si quiere prolongar este régimen durante varias semanas.

Las ventajas del régimen de gran velocidad

- No se pierde la noción del placer en la alimentación puesto que se comen verdaderos alimentos.
- En lugar de tomar un sobre de proteínas en solitario en un rincón, se comparte una verdadera comida con la familia.
- No hay que cambiar las costumbres cotidianas.
- No existen riesgos para la salud.
- Aumentan las posibilidades de éxito a largo plazo.
- Se adelgaza deprisa...

Por eso, le aconsejo... llegar más lejos en la lectura de esta obra para comprender mejor la manera de adaptar los principios de un régimen de gran velocidad a las características de su vida.

Cuándo empezar a seguir el régimen de gran velocidad

Cuando se quiere adelgazar, y todavía más cuando se desea hacerlo rápidamente, es importante empezar el régimen en un momento propicio, a fin de aumentar las posibilidades de «resistir». Elija, pues, un periodo en que tenga la mente relativamente libre para dedicar una parte de sus energías y su tiempo a la realización y el seguimiento del régimen.

Y a la inversa, posponga su proyecto si:

• tiene muchas preocupaciones profesionales o personales y, por ello, necesita puntualmente cierto consuelo, especialmente a través de comidas apetitosas;

• entra en un periodo de múltiples compromisos (invitaciones, viajes, comidas de negocios difíciles de controlar, etc.);

• es sensible a la luz y la temperatura exterior, y se encuentra en pleno otoño o invierno; en este caso, los días más cortos y el frío exterior pueden incitarle a comer de forma más copiosa y más clásica de lo que requiere un régimen rápido.

Cuánto tiempo hay que seguir el régimen de gran velocidad

Le aconsejo que siga este régimen rápido entre tres y ocho semanas. En tres semanas, ya obtendrá resultados significativos sobre el peso, unos resultados que le animarán a continuar con un régimen más agradable y más asequible.

Ahora bien, si sigue el régimen de gran velocidad durante demasiado tiempo, a la larga su organismo se cansará a causa de la ausencia relativa de glúcidos lentos. Por otra parte, corre el riesgo de sentirse cada vez más frustrado. Por lo tanto, le aconse-

Un caso particular: el régimen de gran velocidad de una semana

Algunas personas se contentan con seguir el régimen de gran velocidad durante una semana o diez días. Esto les permite recuperar la confianza en su capacidad de adelgazar y después perder peso regularmente con otro régimen, aunque sea de forma un poco más lenta.

Esta pérdida de peso secundaria se verá tanto más facilitada cuanto que el régimen de gran velocidad, incluso seguido durante una semana, habrá permitido una mejora del metabolismo del páncreas y de la insulina; esta mejora probablemente hará más eficaces los otros regímenes, en especial si padece un exceso de peso importante, o si este exceso de peso se localiza en el vientre.

¿Puedo hacer varios regímenes de gran velocidad?

No seguir el régimen de gran velocidad durante más de ocho semanas no significa que no pueda repetirlo más adelante; si tiene que perder muchos kilos, puede hacer el régimen durante cuatro a ocho semanas, después adelgazar más lentamente con un régimen más largo (véanse págs. 73 a 99) durante al menos un mes y, a continuación, regresar al régimen de gran velocidad de tres a ocho semanas, etc.

jo que no siga el régimen de gran velocidad más de ocho semanas, excepto por prescripción médica.

Cuántos kilos puedo perder

Con este régimen, las mujeres pierden generalmente entre 1 kg y 1,5 kg a la semana, y los hombres entre 1,5 kg y 2,5 kg. Si lleva una vida físicamente muy activa (marcha o deporte), es probable que el adelgazamiento sea todavía más rápido.

La primera semana le parecerá especialmente positiva, porque sin duda perderá 1 kg más de lo que hemos dicho anteriormente. La razón es que, al principio de un régimen pobre en glúcidos lentos, el organismo pierde grasa, sí, pero también agua. No se inquiete, esta pérdida es normal y no implica ningún peligro, pero después deja de producirse; por lo tanto, si pierde 2,5 kg a 3 kg la primera semana, no se sorprenda de que la pérdida de peso sea menor en las siguientes semanas.[1]

En resumen, siguiendo este régimen durante un mes, una mujer puede esperar perder de 5 a 7 kg, y un hombre de 6 a 9 kg.

No demonizo ningún alimento

En este régimen de gran velocidad, le aconsejo algunos alimentos y le desaconsejo otros. Esto significa que estos últimos hacen

---

1. Cuando empiece a comer de forma más clásica, los músculos aprovecharán la llegada de glúcidos lentos para reponer sus reservas de energía; esta recuperación se acompañará paralelamente de la recuperación del kilo de agua perdido. Por eso, si la primera semana de regreso a una alimentación más copiosa no pierde peso o si aumenta unos centenares de gramos, no se asuste; esto se debe a este fenómeno, que sólo dura una semana, y no le impedirá continuar perdiendo grasa y peso de forma regular.

El régimen de gran velocidad en pocas palabras

— Está basado en la carne, el pescado y la verdura, con una pequeña cantidad de materia grasa, productos lácteos y una fruta.
— Consiste en tres comidas diarias.
— Dura como máximo ocho semanas.
— En un mes, generalmente permite a una mujer perder entre 5 y 7 kg, y a un hombre entre 6 y 9 kg.

más lenta la pérdida de peso, pero no que sean «malos» alimentos. Así pues, no se culpabilice si, a lo largo del régimen, cae con uno de ellos; debe aprender a restablecer rápidamente el equilibrio para prolongar la pérdida de peso rápida.

Comer lentamente

Para digerir bien y evitar molestias o hinchazón en el vientre, es deseable comer lentamente y masticar bien la comida antes de tragársela. También es importante para adelgazar bien. Cuando se come demasiado deprisa y se traga la comida sin ni siquiera masticarla, los mecanismos de la saciedad no tienen tiempo de ponerse en marcha y se come demasiado.

Mastique bien los alimentos, saboréelos en la boca para que las papilas gustativas puedan percibir los sabores, suelte el cubierto entre dos bocados, llene sus comidas de conversaciones con los demás comensales; se sentirá más a gusto y adelgazará mejor.

Etapa 1:
Cómo adelgazar a gran velocidad

Como podrá observar, los menús propuestos en esta obra le aportan en cada una de las tres comidas, desayuno, almuerzo y cena:

• un alimento rico en proteínas (producto lácteo, carne o pescado) indispensable para mantener la salud y la forma física. Si es posible, no coma menos de la cantidad indicada, porque estos alimentos se han elegido de manera que le aseguren a la vez una pérdida de peso máxima y una buena salud. En cambio, si lo desea, puede sustituir un alimento rico en proteínas por otro (véase pág. 51);

• una fruta en el desayuno, verdura en el almuerzo y la cena, elegidos por su riqueza en vitaminas y minerales, por su efecto de «tentempié» y para que mastique, tres efectos importantes para el éxito a largo plazo.

Cuando se sienta preparado, no olvide respetar ciertas precauciones antes de iniciar el régimen (véanse págs. 151 a 160).

Mi desayuno «gran velocidad»

Generalmente, adelgazamos con mayor facilidad y de mejor manera si desayunamos. El objetivo es doble:

• por una parte, revigorizar las células; éstas, después de una noche de ayuno, necesitan vitaminas, minerales y sobre todo proteínas;

• por otra parte, facilitar el control del apetito a lo largo del día que se inicia. En el cerebro de cada uno de nosotros existe un centro nervioso que controla la ingestión de alimentos. Para que este control se desarrolle en las mejores condiciones durante el régimen, es conveniente comer en las horas que siguen al despertar.

El desayuno incluirá:
— *de dos a cuatro productos lácteos,* por su contenido en calcio y sobre todo en proteínas,
— *una fruta,* por su contenido en fibra, en vitaminas y en minerales.

En cambio, no debe comer pan ni cereales.

Productos lácteos, por su contenido en proteínas y en calcio

Tomar alimentos ricos en proteínas en el desayuno será beneficioso para su cuerpo y le permitirá pasar mejor la mañana. Tomar productos lácteos constituye una buena solución, puesto que, además de las proteínas, le aportarán calcio, muy importante para los huesos y los dientes. Para adelgazar más deprisa, elija los que son pobres en materia grasa; tiene mucho donde elegir (véanse las tablas siguientes). En cuanto a la cantidad (dos, tres o cuatro), puede decidir cada mañana según su apetito.

Si es usted «alérgico» a la leche y los productos lácteos, si no le gustan o, simplemente, si desea variar, inclínese por otros alimentos ricos en proteínas. Puede sustituir cada producto lácteo por:
— *un huevo, pasado por agua, duro o al plato* preparado en una sartén antiadherente sin añadir materia grasa,

– o *una loncha de jamón cocido o de beicon* descortezado y desgrasado,

– o *un pedazo de carne fría o de pollo frío* de unos 50 g.

Si le apetece, no dude tampoco en tomar, por ejemplo, un huevo al plato con una loncha de beicon, y después un yogur.

Los productos lácteos preferibles[1]

Un yogur natural normal, el «básico» y más barato; su composición nutricional es excelente: Danone natural, Yoplait natural, yogur natural (Mennel), yogur natural (Monoprix), yogur natural (U), etc.

Un yogur con un 0% de materia grasa, que puede tomar, según su gusto y la inspiración del momento, natural o con fruta: Vitalínea natural 0% (Danone), Yoplait natural Oligo 0%, Sveltesse natural 0% (Yoplait), BA natural 0%, Finesse 0% (Monoprix la Forme), etc.

Vitalínea con frutas (pasas, pera, melocotón, cereza, frambuesa, etc.) (Danone), Sveltesse fruta del sol (Nestlé), Sveltesse pulpa de fruta (Nestlé), Sveltesse Vita-Mine 0% (Nestlé), Sveltesse fruta del mercado 0% (Nestlé), Sveltesse sabor vainilla 0% (Nestlé), Sveltesse fruta y fibra 0% (Nestlé), Panier de Yoplait 0% (frutas amarillas y frutas rojas), BA batido con fruta 0%, BA batido sabor vainilla 0%, batidos con frutas 0% (Auchan), etc.

Debe evitar el yogur con un 0% de materia grasa de la marca Weight Watchers, y el Vitalínea 0% con fruta y cereales (Danone), porque son ricos en azúcar, lo cual no es conveniente en esta fase rápida.

1. Cada una de estas raciones representa *un* producto lácteo. Durante la etapa de «gran velocidad», tome de dos a cuatro en el desayuno o a lo largo de la mañana, y uno o dos en la etapa de «plena forma».

Un frasco de 100 g de requesón natural, con un 0% o un 20% de materia grasa, o tres cucharadas colmadas.

100 g de requesón aromatizado con un 0% de materia grasa: requesón con fruta Calin 0% (Yoplait), Sveltesse Velours 0% natural o sabor vainilla (Nestlé), etc.

Debe evitar el requesón con un 0% de la marca Weight Watchers (*mousse* de requesón con fruta) y el Vitalínea 0,4% de *mousse* de requesón con fruta (Danone), demasiado ricos en azúcar.

Un gran vaso de leche fermentada (250 ml): Yorik (Yoplait), leche ribot (Bridel), leche fermentada (Chergui).

¿Por qué el yogur con un 5% de MG es más graso que el requesón con un 20% de MG?

La reglamentación referente al etiquetado precisa que el porcentaje de materia grasa que aparece en la etiqueta del requesón debe calcularse sobre el extracto seco (la parte que no es agua de un alimento); 100 g de requesón con un 20% de MG contienen un 17% de extracto seco, por lo tanto, en realidad contienen unos 3 g de materia grasa por 100 g de producto elaborado.

La reglamentación para el yogur o la leche fermentada es diferente; el porcentaje de materia grasa que aparece en la etiqueta se calcula sobre el peso total del producto y no sobre su peso seco. Un yogur de 125 g con un 5% de MG le proporcionará 6 g de materia grasa, es decir, el doble que 100 g de requesón con un 20% de MG.

Los productos lácteos
que deben evitarse

Algunos productos lácteos deben evitarse porque son demasiado grasos y/o demasiado dulces:

— *El yogur con leche entera,* de tres a cinco veces más rico en materia grasa que el yogur natural clásico: La lechera de Nestlé, crema de yogur de Danone, *mousse* de yogur de Danone, yogur con leche de oveja Ladhuie, yogur con leche entera biológico Vrai, yogur con leche entera (Monoprix), yogur con leche entera (Eléa), etc.

— *El yogur con bifidus:* BIO de Danone, BA (excepto los que tienen un 0% de materia grasa), Double Douceur de Yoplait, etc.

— *La leche fermentada* con un 6 o un 10% de materia grasa, que en realidad es dos o tres veces más rica en grasa que el requesón con un 20% de materia grasa: Fjord de Danone, Gervita de Danone, etc.

— *El requesón,* el petit suisse y el queso en encella con un 40% de materia grasa.

— *El yogur «griego»,* cinco veces más rico en materia grasa que el yogur natural ordinario.

— *El yogur de tipo búlgaro,* aproximadamente dos veces más graso que el yogur clásico: Velouté de Danone, Kremly de Nestlé, batido natural de Eléa, yogur batido biológico Vrai, yogur batido (Monoprix), etc.

— *El yogur con un 0%* de la marca Weight Watchers, demasiado rico en azúcar.

— *El «cottage cheese»* (en tiendas inglesas), tres veces más graso que el yogur ordinario. Es preferible elegir una forma ligera con un 1% de materia grasa.

– *El yogur no ligero con fruta,* a veces fabricado con leche entera y a menudo con mucho azúcar: BA frutas del sol o frutas del huerto, Danone y Frutas, Yogur gourmand (Mamie Nova), Savoie Yogur, Yogur con Frutas (Yoplait), Panier de Yoplait, Velouté pulpa de fruta (Danone), Yoco (Nestlé), LCI pulpa de frutas (Nestlé), *mousse* de yogur con frutas (Danone), Frutos (Yoplait), yogur con fruta biológica (Vrai), requesón de molde y zumo de frambuesa o de mora (Senoble), yogur aromatizado de leche entera (Monoprix), etc.

Frutas, por su contenido en fibra y en vitaminas

Quizá no tenga la costumbre de tomar fruta por la mañana temprano; sin embargo, es muy importante para adelgazar más fácilmente y mantener la salud.

Elija la o las frutas que desee entre las siguientes raciones:
- una manzana, una pera, una naranja, un melocotón o una nectarina,
- dos kiwis o dos mandarinas,
- un tazón de fresas, de frambuesas o de grosellas,
- tres albaricoques o tres ciruelas,
- un plátano pequeño (o la mitad de uno grande),
- un puñado de cerezas o de ciruelas mirabel,
- medio melón pequeño o una buena tajada de sandía,
- medio pomelo o medio mango,
- dos tajadas finas (o un cuarto) de piña,
- cuatro o cinco litchis o un caqui,
- un racimo pequeño de uva (que quepa en la mano).

El consumo de una ración de la fruta mencionada anteriormente le permitirá saciar mejor el apetito y aportará a su organismo elementos nutritivos protectores desde el principio de la jornada. Si tiene mucha hambre, o si le gusta mucho la fruta, concédase el placer de tomar dos raciones.

Fruta mejor que zumo de fruta o compota

Evite beber zumo de fruta, aunque lo exprima usted mismo. Tanto si está hecho en casa como si se compra envasado, el zumo de fruta tiene el inconveniente de digerirse demasiado deprisa y saciar menos el apetito que la fruta fresca entera. Le resultará claramente más beneficioso, por ejemplo, comerse una naranja que beber un zumo de naranja.

Lo mismo ocurre con la compota, pero en menor grado; su consistencia triturada y fluida sacia menos el apetito y no es tan útil para adelgazar deprisa como una fruta masticada.

¿Debe comerse la fruta a mordiscos o con cuchillo? Como prefiera. También puede cortarla en pedazos y añadirla al yogur o al requesón para hacer una sabrosa mezcla de fruta y producto lácteo.

¿Y por qué no mezclar frambuesas o pedazos de melocotón con el yogur, o un plátano cortado en rodajas o aplastado con el requesón? Si tiene tiempo, y ganas, también puede preparar fruta cocida o fruta al horno, como una manzana con un poco de canela, pero sin azúcar.

Contrariamente a lo que se cree, el plátano es una fruta que puede ayudarle en su proyecto de adelgazar, porque sacia bien el apetito y proporciona una energía que se transforma poco en grasa en el organismo.

Puede consumir esta fruta a media mañana si no le apetece en el desayuno; y si realmente no «le pasa», ni siquiera a lo largo de la mañana, resérvela para el postre de mediodía o de la noche, o para la merienda.

Una bebida

Beber por la mañana tiene al menos dos ventajas:

• limpia el organismo, que lo necesita después de pasar la noche generalmente sin beber. Tanto de día como de noche, el cuerpo fabrica desechos y toxinas, sobre todo cuando se pierde peso con rapidez. La mejor manera de eliminarlas es beber, ya que facilita su expulsión por la orina;

• sacia el apetito; al distender el estómago, las bebidas participan en los mecanismos que hacen que uno se sienta saciado después de una comida.

Una buena costumbre que debe adquirir es beber un vaso de agua fresca al levantarse.

Después, durante el desayuno propiamente dicho, elija según sus gustos café, té, leche con cacao (sin azúcar) o con achicoria, etc. Evite añadir azúcar «verdadero»; aprecie el sabor «puro» de un buen té o un buen café. Si le cuesta tomar la bebida caliente tal cual, añada un edulcorante.

¿Azúcar o edulcorante?

El azúcar clásico de mesa, en polvo o en porciones, blanco o moreno, es rico en calorías; en cambio, los edulcorantes proporcionan un sabor dulce sin aportar energía. Los alimentos que los emplean en lugar del azúcar tienen en el envoltorio la mención «light» (que significa «ligero» en inglés) o «sin azúcar». Los edulcorantes pueden utilizarse en polvo o en comprimidos, que se pueden añadir a la bebida o al postre.

Existen varios tipos de edulcorantes:

— El sorbitol, el xilitol o el manitol sirven sobre todo para aligerar caramelos o chicles; en el envoltorio figuran a veces bajo la denominación global de «polioles». El envoltorio precisa también que el caramelo o el chicle es «sin azúcar», pero esta denominación resulta engañosa, porque en realidad estos edulcorantes proporcionan 2,4 calorías por gramo, es decir, un contenido menor que el azúcar clásico (unas 4 calorías), pero no despreciable. El consumo regular de caramelos, pastillas o chicles endulzados con polioles no es, pues, aconsejable cuando se quiere adelgazar.

— La sacarina y el aspartamo no aportan casi ninguna caloría. Se presentan en polvo o en comprimidos. Por otra parte, se encuentran en las bebidas «light», así como en ciertos productos lácteos con fruta (yogur o requesón) ligeros.

• Durante la etapa rápida de su régimen, evite endulzar los productos lácteos, el café o el té con azúcar «verdadero». Si le cuesta tomarlos tal cual, añada un edulcorante sin calorías, en polvo o en comprimidos, según sus preferencias.

• En las demás etapas, utilice edulcorantes para las bebidas, el té o el café, porque el organismo asimila mal las calorías de las bebidas con azúcar. En cambio, puede poner azúcar verdadero en los productos lácteos en cantidades moderadas, como una cucharadita de azúcar en un yogur, por ejemplo.

Elegir el edulcorante

Aspartamo: Canderel, Bon Suc Krüger, Happy Farmer (Auchan), Sucrin, Form'U (Super U), Carte Blanche, etc.
Aspartamo + acesulfam K: Kara de Pouss'suc, etc.
Sacarina: Sucrédulcor, Skun Suc, Sun Suc, etc.

Si toma un gran tazón de leche (200 a 250 ml, es decir, cerca de un cuarto de litro de leche) con un poco de café o cacao en polvo, su bebida cuenta como un producto lácteo; en este caso, puede tomar, según su apetito, de uno a tres productos lácteos suplementarios más. En cambio, si se contenta con poner un chorrito de leche en la taza de café o de té, puede llegar hasta los cuatro productos lácteos... si tiene mucho apetito.

Contrariamente a lo que se cree, el café con leche no es malo para la salud y no engorda. Es cierto que el café hace un poco más lenta la digestión de la materia grasa de la leche, pero este fenómeno no es perjudicial, aunque hace más «pesada» la digestión para algunas personas. Si éste es su caso, tiene dos soluciones: añadir algo que no sea café a su tazón de leche semidescremada, o elegir leche totalmente descremada para el café.

El té tiene la ventaja de beberse con mayor facilidad en grandes cantidades que el café, es menos «empalagoso». Por lo tanto, es una buena manera de darse gusto sin ningún riesgo para la línea, siempre que se aprecie el sabor... Es mejor el té a granel que el té en sobrecitos; generalmente tiene más sabor y no es más caro.

Un buen chocolate caliente sin azúcar

- Caliente la cantidad de leche deseada (en un cazo o en el microondas).
- Ponga el cacao sin azúcar en un tazón.
- Cuando la leche esté bien caliente, viértala lentamente sobre el cacao removiendo al mismo tiempo para disolver bien los pequeños grumos del cacao.
- Después añada el edulcorante de síntesis que prefiera (Canderel u otro).

¿A qué hora?

Contrariamente a una idea muy arraigada, no está obligado a desayunar en cuanto salte de la cama. Cuando uno se levanta a las 5 de la mañana para irse a trabajar media hora más tarde, es normal que no tenga tiempo ni ganas de comer antes de salir. Si hay que preparar a los más pequeños, vestir a los niños y después darles de comer antes de llevarlos a la escuela, tampoco resulta fácil encontrar tiempo para desayunar. Por otra parte, algunas personas prefieren estar un cuarto de hora más en la cama y después marcharse a toda prisa en lugar de tomar el desayuno sin ganas.

Si no tiene hambre cuando se despierta, no se sienta obligado a forzar su naturaleza. Lo importante es comer en las tres o cuatro horas que siguen al momento de levantarse, pero puede hacerlo en casa, durante el desplazamiento, o incluso en el lugar de trabajo.

Si no concibe un desayuno sin tostadas

Quizá forma usted parte de las personas que tienen problemas para iniciar la jornada si no se comen una buena tostada con mantequilla. En este caso, su desayuno será diferente del propuesto antes, pero siga bien los consejos que siguen, para que este «favor» interfiera lo menos posible en su pérdida de peso:

• La elección del pan: elija un *pan hecho con harina poco refinada y rica en fibra,* especialmente pan con cereales, pan integral o pan de centeno. Cómprelo en una panadería, porque el pan industrial envuelto en celofán generalmente contiene azúcar o materia grasa. Busque uno compacto y denso, puesto que le saciará mejor y alterará menos el páncreas, lo cual es importante en esta fase de adelgazamiento muy rápido.

• ¿Qué cantidad? Tome *de 40 a 60 g de pan,* es decir, *unas dos rebanadas, con 10 g de mantequilla ligera* (o sea, dos bolitas del tamaño de una avellana, o dos cucharaditas rasas, una manera poco elegante pero muy práctica de dosificar bien la mantequilla). También puede, si lo prefiere, tomar mantequilla clásica, pero la mitad, es decir, 5 g o una cucharadita rasa.

Para los que no tienen hambre (o tiempo) por la mañana

— *Si no tiene tiempo de comer* antes de ir a trabajar, puede muy bien llevarse un yogur y una fruta al trabajo y comérselos a media mañana con un té o un café de la cafetería o la máquina automática.

— *Otra solución es dividir el desayuno en dos.* Por ejemplo, puede tomar un tazón de leche con café o cacao sin azúcar, y después, a lo largo de la mañana, comerse una fruta con uno o dos yogures. Le recomiendo este truco si padece ataques de hambre una hora o dos antes del almuerzo; de esta manera se encontrará mejor y conseguirá controlar bien su apetito a lo largo del día.

— *Si se levanta tarde,* por ejemplo el fin de semana, y el almuerzo está previsto dos o tres horas después de levantarse, puede muy bien no tomar nada para desayunar. Sin embargo, no olvide beber, beber mucho, agua, té, café, etc.

— *Si la noche anterior ha cenado tarde,* por ejemplo después de salir del teatro o del cine, quizá todavía no haya terminado de digerir la cena a la hora del desayuno; también en este caso puede no comer nada, pero no olvide beber.

• Con las tostadas, tome un alimento rico en proteínas animales: o bien un producto lácteo (véase pág. 27), o bien una loncha de jamón cocido, o bien un huevo cocido sin materia grasa.

• En cambio, no tome fruta porque, con el pan, ya tendrá la sensación de masticar, así como un aporte de fibra y de glúcidos.

• La última observación para este caso: para equilibrar lo mejor posible su jornada y compensar la mantequilla de las tostadas, tome aceite u otra materia grasa sólo en una de las dos comidas siguientes, no en las dos.

Régimen de «gran velocidad»: mi almuerzo y mi cena

Estas dos comidas incluirán:
  – carne o pescado, por su contenido en hierro, cinc, vitamina B12 y sobre todo proteínas,
  – verdura, por su contenido en fibra, vitaminas y minerales,
  – aceite, para su salud y su placer.

De esta manera, cada una de estas dos comidas se centrará en un plato principal (plato caliente o ensalada mixta, a elegir), que asocia verduras con carne o pescado. En cambio, evite el pan y los alimentos feculentos durante esta etapa. Si le apetece, puede tomar antes de este plato un entrante compuesto por verduras, en forma de un plato de hortalizas crudas o una sopa.

Adelgazará más deprisa si puede contentarse con este entrante y el plato principal; pero si necesita terminar la comida con «postre», tome un producto lácteo y/o una fruta; no está haciendo carreras, y sin duda es mejor perder peso un poco más lentamente pero sin frustrarse.

Un entrante, facultativo

Tiene libertad para tomar o no un entrante. Si lo toma, no dude en variarlo según el día y su gusto.

Si incluye un entrante, es necesario que no contenga ni alimentos feculentos ni materia grasa; esto significa que debe elaborarlo con verduras, ya sea en forma de hortalizas crudas, ya sea como una sopa. Puede consumir tanto como quiera.

Las hortalizas crudas

Las hortalizas crudas son verduras que se consumen sin cocinar (véase la lista de verduras de la pág. 45). Puede comérselas:

- o bien *sólo con sal,* como el tomate o los rábanos: con sal (o pimienta), pero sin materia grasa, es decir, sin mantequilla ni aceite,
- o bien *en forma de ensalada,* pero entonces no debe poner aceite en el aliño. Esto no le impedirá, muy al contrario, aliñarla con vinagre, limón, salsa de soja, yogur con un 0% de materia grasa, hierbas, mostaza (confeccionada sin aceite, lea bien la etiqueta), etc.

Las sopas

Si teme pasar hambre, la sopa de verduras le vendrá muy bien porque sacia:

• Ponga en la sopa todas las verduras que desee entre las propuestas en la pág. 45, pero ningún alimento feculento, es decir, ni patatas, ni pasta, ni arroz, ni tapioca, ni garbanzos, etc.

• Tampoco debe añadir materia grasa, es decir, mantequilla, nata, margarina o aceite.

Elogio de la sopa con tropezones

No todas las sopas de verduras sacian el apetito de la misma manera. Las más eficaces son las sopas en las que las verduras no se han triturado, sino que hay trozos. Cuando las verduras están trituradas, lo cual suele ocurrir con las sopas congeladas, también sacian el apetito, aunque no tanto. En cambio, el simple caldo de verduras tiene poco interés.

Puede consumir la sopa caliente o fría. En verano, no olvide el gazpacho u otras sopas que se toman frías o muy frías; son deliciosas, muy sanas, y realmente le ayudarán a adelgazar.

Si tiene tiempo y ganas, prepare usted mismo la sopa; sin duda, así será mucho más sabrosa. Pero no dude en probar alguna sopa congelada, siempre que elija las variedades sin patatas ni productos feculentos, sin nata ni otras materias grasas. Si busca bien en los estantes de su tienda habitual, encontrará algunas: Picard, por ejemplo, dispone, con la marca «Mieux être» (sin sal; después puede añadir un poco de sal, si lo desea), de un gazpacho, una sopa de tomate y albahaca, o una sopa de verduras.

Evite las sopas de sobre o las sopas en tetra brik. No presentan ningún riesgo para la salud, pero, para su proyecto de adelgazamiento, tienen el inconveniente de contener o bien demasiada sal, o bien crema de leche, o bien patata, o bien almidón de maíz. En cambio, si aparecen nuevos productos y encuentra alguno sin materia grasa ni alimentos feculentos y con poca sal, por supuesto puede probarlo.

¿Para quién es interesante el entrante?

Además del placer compartido de un entrante bien preparado y bien servido, este plato será interesante para usted en las siguientes circunstancias:

• si tiene la costumbre de tomar una comida con varios platos, entre ellos un entrante, sería frustrante prescindir de ello;

• si su familia consume embutidos u otro entrante, sería una pena quedarse «en el banquillo»; prepárese una ensalada que le permita compartir de forma agradable este momento con ella;

• si necesita tener el estómago bien lleno para sentirse saciado, el entrante, ya sea una sopa, ya sean unas hortalizas crudas, permite aguantar mejor.

Si una ensalada sin aceite o una sopa sin crema de leche le parecen especialmente sosas, debe saber que puede muy bien consumir con el entrante la cantidad de materia grasa del plato principal (véase más adelante); en este caso, deberá tomar un plato principal sin materia grasa. Por ejemplo, lechuga rizada con aceite de oliva como entrante y después un plato principal con salmón y calabacines, pero sin materia grasa.

Carne o pescado: los indispensables del plato principal

La carne y el pescado constituyen el centro de este régimen de gran velocidad; son los que proporcionan las proteínas indispensables y los que le permitirán adelgazar deprisa y sin peligro.

Carne, pescado: según su apetito

Puede tomar tanta carne y pescado como desee. No dude en variar las cantidades de un día a otro y de una comida a otra. Por ejemplo, un pedazo pequeño para almorzar y uno más grande en la cena; confíe en su apetito.

Sin embargo, evite tomar sólo raciones pequeñas, puesto que su organismo correría el riesgo de falta de proteínas; compruebe (véase pág. 51) que la cantidad total de carne y pescado no es demasiado baja (es deseable un total de al menos 300 g al día, teniendo en cuenta la ausencia de alimentos feculentos). Y si realmente le cuesta alcanzar estas cantidades diarias o se cansa con rapidez, consulte las páginas 45 y 51 para saber cómo puede sustituirlas.

La carne

Elija con mayor frecuencia una carne poco grasa (véase la tabla de la página siguiente); si le apetece, consuma una carne más grasa en una o dos comidas a la semana.

	Carne poco grasa que debe privilegiar	Carne más grasa que debe evitar
Buey	Bistec, solomillo bajo, rosbif, carne picada con un 5% de materia grasa.	Entrecot, estofado, cocido, carne picada con un 15-20% de materia grasa.
Caballo	Cualquier pieza.	
Caza	Corzo, jabalí.	
Cerdo	Lomo magro.	Chuletas, asado, costillas, lomo.
Conejo	Cualquier pieza.	
Cordero		Chuletas, pierna, paletilla.
Despojos	Corazón, hígado, riñones.	Lengua de buey, sesos.
Embutidos	Jamón cocido (sin la grasa), beicon.	Los demás embutidos (salchicha, morcilla, paté, salchichón, jamón crudo, etc.).
Ternera	Costillas, escalope, filete asado.	Asado.
Volatería	Pavo, pollo, pintada.	Pato, faisán, oca, pichón, gallina.

Dado que, para adelgazar deprisa, tendrá que limitar la grasa en la comida, aprenda a cocinar las diferentes carnes de forma sabrosa utilizando poca materia grasa (véanse págs. 220 y 221).

El pescado

La carne es rica en proteínas de buena calidad, indispensables para la persona que quiere seguir un régimen rápido; lo mismo ocurre con el pescado. Por otra parte, este último tiene una ventaja muy específica: sus ácidos grasos (constituyentes elementales de las grasas o lípidos) son muy útiles para la piel; se trata de los famosos «omega-3» que además protegen de las enfermedades cardiovasculares y del cáncer.

Le aconsejo que alterne carne y pescado en una comida de cada dos; por ejemplo, carne a mediodía y pescado por la noche o viceversa. También puede hacer un día de «todo pescado» y otro de «todo carne», pero no se estanque en uno u otro durante toda la semana; de esta manera, se beneficiará de las virtudes complementarias de los dos productos y evitará el cansancio de los menús repetitivos.

En cuanto a la elección del pescado, debe saber que:

• La mayoría de pescados «blancos» son poco grasos, pero aproveche también el pescado naturalmente graso: le permitirá variar de sabor y, sobre todo, sus grasas tienen tanta importancia para la salud que es una pena privarse de él.

• En cambio, evite los preparados que contienen grasas extrínsecas; son demasiado grasos para esta etapa. Aprenda a cocinar el pescado de manera sabrosa utilizando poca materia grasa (véase pág. 222).

La tabla de la página siguiente le permitirá tener las cosas claras.

Pescado magro que debe privilegiar	Pescado naturalmente graso que debe privilegiar	Pescado graso que debe evitar
Abadejo	Atún al natural (conserva)	
Bacalao ahumado	Caballa fresca o ahumada	
Bacalao fresco	Pez espada	
Bacalao seco sin salar	Atún fresco	Atún en aceite (conserva)
Dorada	Arenque fresco o ahumado	Arenque escabechado a la crema
Eglefino ahumado	Caballa al vino blanco (conserva)	
Eperlano	Arenque en vinagre	
Escobina	Caviar, sucedáneo de caviar, huevas de pescado	
Gallo	Lija	
Lenguado		Pescado empanado, pescado frito
Lota	Sardina fresca	Sardinas en aceite
Lubina (róbalo)	Anguila	
Lucio	Anchoa al natural (conserva)	
Merluza	Salmonete	
Perca	Trucha	
Pescadilla	Salmón fresco o ahumado	
Platija	Fletán	
Rape	Anchoa fresca	Anchoas en aceite (conserva)
Raya	Rodaballo	
Surimi		Croquetas de pescado

El marisco

Al igual que el pescado, el marisco es rico en proteínas de buena calidad y aporta en general poca materia grasa. Puede comer cuanto quiera, tanto si es magro como naturalmente graso (véase tabla siguiente).

En cambio, evite los preparados cocinados a base de marisco, demasiado ricos en materia grasa para esta fase de adelgazamiento rápido.

	Marisco magro que debe privilegiar	Marisco naturalmente graso que debe privilegiar	Marisco graso que debe evitar
Moluscos bivalvos	Caracoles de mar (bígaros), veneras (vieiras), ostras, almejas grandes o pequeñas.	Mejillón.	
Crustáceos	Cangrejos de mar (en conserva), gambas, cangrejos de río, bogavante, langosta, langostino.	Cangrejo de mar o masera.	Buñuelos de gamba.
Moluscos	Calamares, caracoles, pulpo, sepia.		Calamares fritos, caracoles guisados.

Los huevos

Si le gustan los huevos, puede tomar dos, tres o cuatro (según su apetito) en lugar de carne o pescado, cocinados de la manera propuesta en la pág. 223.

Pero atención, los huevos (especialmente la yema de huevo) son más grasos que la carne o el pescado. Por lo tanto, no los consuma en más de tres o cuatro comidas a la semana, y en esta comida no tome ni aceite ni otra materia grasa.

Las verduras:
para saciar el apetito y mantenerse en forma

Para acompañar el plato de carne o pescado, elija una o varias verduras entre las propuestas en la tabla siguiente.

Régimen de «gran velocidad»: Las verduras que debe privilegiar para adelgazar deprisa	
Las verduras de raíz	Nabo, apio nabo, rábano, cebolla, puerro.
Las verduras de fruto	Tomate, pimiento, berenjena, pepino, calabaza, calabacín.
Las verduras de tallo	Cardo, apio en rama, hinojo.
Las verduras de hoja	Endibia, milamores (canónigo), lechuga, achicoria, lechuga de hoja ancha, escarola, lechuga rizada, lechuga romana, *lolla rossa*, lechuga pequeña, espinacas, berros, acelgas.
Las coles	Brécoles, coliflor, col lombarda, col blanca, col verde, col rizada.
Las verduras de brote	Espárragos.
Las verduras de vaina	Judías verdes.
Las setas	Champiñones, *ceps* (boletos), níscalos, colmenillas, rebozuelos, senderuelas, etc.

Estas verduras tienen un interés triple:

- le aportan los elementos indispensables para la salud y la forma física: fibra, vitaminas, oligoelementos, potasio, etc.,
- le sacian el apetito sin por ello ralentizar la pérdida de peso,
- le permiten variar las recetas y los sabores de los menús.

Verduras, instrucciones de uso

No tenga miedo:
- de servirse platos copiosos y tomar tanto como desee (si es posible, al menos 200 g por comida, es decir, unas 8 a 10 cucharadas),
- de elegir varias verduras para un mismo plato,
- de servirse de nuevo un segundo plato,
Aprenda a cocinar de forma sabrosa utilizando poca materia grasa (véanse págs. 218 y 219).

Puede adquirir verdura fresca, congelada o en conserva; estas tres formas tienen efectos similares sobre la salud y la línea. La verdura fresca suele ser más sabrosa, pero quizá no tenga tiempo de comprarla y después prepararla en cada comida; en este caso, la verdura en conserva o congelada es práctica y poco costosa.

Para tener éxito, compre conservas o congelados preparados sin materia grasa; en lo posible, «al natural», o aderezados con una salsa que no tenga ni aceite, ni mantequilla, ni margarina.

¿Aceite, mantequilla o crema de leche?

Para que el plato le haga adelgazar pero sea más sabroso y equilibrado, le recomiendo que añada una pequeña cantidad de materia grasa. Su organismo la necesita, y su gusto por las cosas buenas también. Pero para conseguir adelgazar deprisa, limítese a la cantidad indicada. En función de sus gustos y las recetas, añadirá al plato principal:

- 1 cucharada sopera o 2 cucharaditas de *aceite* (es decir, 10 g),
- o 2 cucharaditas rasas de *mantequilla* (es decir, 10 g),
- o 2 cucharaditas rasas de *margarina* (es decir, 10 g),
- o 4 cucharaditas rasas de *margarina* o *mantequilla ligeras,* con un 41% de materia grasa (es decir, 20 g),
- o 2 cucharadas rasas (o 1 colmada) de *crema de leche* fresca (es decir, 30 g),
- o 4 cucharadas rasas (o 2 colmadas) de *crema de leche* fresca ligera, con un 15% de materia grasa (es decir, 60 g),
- o 2 cucharadas y media de una *vinagreta ligera* del comercio (es decir, 25 g),
- o 2 cucharadas rasas de *mayonesa ligera* (es decir, 20 g).

Es importante que no sobrepase estas cantidades en el conjunto de sus platos y, por lo tanto, en el conjunto de su comida. Si prefiere utilizar esta cantidad de materia grasa para la cocción, no la añada al plato, y al revés.

¿Qué materia grasa es preferible?

Para perder peso, todas estas raciones de materia grasa son equivalentes.

– Para la salud, es interesante tomar con mayor frecuencia aceite, la materia grasa más rica en ácidos grasos esenciales y la más favorable para el corazón.

– Si le gustan los aceites que tienen sabor, elija el aceite de oliva o el de nuez, pues ambos son tan sabrosos como saludables.

– Si cocina con aceite, sepa que el aceite de cacahuete es el más estable al calor; por lo tanto, se recomienda para este uso.

– Finalmente, el aceite de soja es el más equilibrado, tanto para proteger las arterias como para la piel y el sistema nervioso; si quiere conseguir una combinación óptima para la salud y el sabor, puede asociar, en el plato principal, 1 cucharadita de aceite de soja y 1 de aceite de oliva.

Las diferentes maneras de utilizar las materias grasas en el plato principal

Así pues, para aderezar el plato principal, utilizará una cucharada de aceite al día, u otra materia grasa (véase pág. 47), que puede ser, según el caso:

– utilizada para la cocción de la verdura, la carne, el pescado o los huevos,

– integrada a una salsa hecha por usted,

– añadida tal cual a la carne (o el pescado) y la verdura; por ejemplo, un chorrito de aceite de oliva o una bolita de mantequilla.

Mi práctica diaria del almuerzo y la cena para adelgazar deprisa

¿Qué plato elegir?

De cada una de las tres familias de alimentos (carne o pescado; verdura; aceite, mantequilla o crema de leche) que le propongo utilizar para confeccionar el plato, puede elegir el alimento que desee en función de sus gustos y del estado de su despensa. También puede mezclar las verduras (por ejemplo, un sofrito de cebollas, pimientos, calabacines, berenjenas y tomates para una *ratatouille*) y los alimentos ricos en proteínas (por ejemplo, huevo duro y atún al natural en conserva para una ensalada «niçoise»). Las únicas directrices que le puedo dar son las siguientes:

• evite consumir con demasiada frecuencia la verdura en forma de puré, prefiérala en una forma sólida; esto le saciará mejor y facilitará el adelgazamiento,

• elija más a menudo una carne poco grasa y limite las otras a una o dos comidas a la semana; esto le permitirá adelgazar más deprisa,

• tome aceite al menos una vez de cada dos en lugar de otra materia grasa; esto no alterará en nada la pérdida de peso, pero es preferible para la salud.

Según las circunstancias, este plato puede ser un plato caliente, tradicional u original, o corresponder a una gran ensalada, compuesta por lechuga, tomate, champiñones, atún, un huevo duro, carne fría o jamón, por ejemplo. Esta última forma de preparación tiene muchas ventajas:

– es de rápida elaboración,
– permite terminarse los restos,
– varía los placeres y los sabores, y da un aspecto fresco a la comida, lo cual es muy agradable en verano.

Si le gustan los aguacates...

Entonces no se prive de ellos. El aguacate puede añadir una nota de sabor a sus comidas, para hacer una salsa que acompañe a la verdura cruda (mezclando un aguacate con medio yogur y el zumo de un limón), en forma de guacamole, como acompañamiento de la ensalada... Su carne untuosa es muy rica en lípidos y, por lo tanto, en calorías; para continuar con su objetivo de adelgazar, sustituya la cucharada de aceite prevista en el régimen de «gran velocidad» o de «plena forma» por medio aguacate.

Añada tantas especias, hierbas y plantas aromáticas como desee.

Puede muy bien repetir al día siguiente el mismo plato, o durante dos o tres días si le resulta más sencillo; si dispone de poco tiempo, es práctico preparar una gran cantidad de *ratatouille*, por ejemplo, al principio de la semana y consumirla durante varios días seguidos; pero procure que no le resulte pesado.

Las raciones

En lo referente a la carne o el pescado, confíe en su apetito, pero sin comer raciones demasiado pequeñas, pues su organismo necesita cada día proteínas animales para reconstituir sus propias proteínas.

• En cuanto a las *verdura*, coma sin restricciones tanta como desee y, en cualquier caso, al menos 200 g por comida, es decir, 400 g al día.

• No supere, salvo que le resulte imposible (en el restaurante o en casa de los amigos, por ejemplo), las cantidades indicadas de *aceite, mantequilla o crema de leche,* porque tendría más dificultades para perder kilos rápidamente.

¿Se puede comer mucha carne o pescado?

Si es usted alto (más de 1,80 m) o tiene hambre, no dude en comer raciones importantes de carne o pescado de hasta 250-300 g por comida.

¿Cuáles son los riesgos de un régimen demasiado pobre en proteínas?

Cuando no se comen suficientes alimentos ricos en proteínas, se corre el riesgo de sentirse cansado, de ser más sensible a las infecciones, de perder más músculo que grasa y de alterar el funcionamiento del corazón.

Para asegurar las necesidades del organismo durante este régimen desprovisto de alimentos feculentos, tendrá que consumir al menos 300 g de carne y/o pescado al día, y no olvidar los dos productos lácteos como mínimo por la mañana.

Para su información, sepa que 100 g de carne corresponden en general a las raciones que se presentan en los productos congelados y, como medio de comparación, que esto equivale aproximadamente al tamaño de una pastilla pequeña de mantequilla de 125 g o a una calculadora de tamaño medio.

También se puede sustituir toda o parte de la carne o el pescado por huevos o productos lácteos (véase la pág. 27 para la elección de los productos lácteos), a razón de 2 huevos o 2-3 productos lácteos por cada 100 g de carne o pescado. El equilibrio está asegurado, por ejemplo, con 100 g de carne o pescado más 1 yogur o requesón en el almuerzo y la cena, así como 1 yogur para merendar, sin olvidar el desayuno.

No se quede corto
con la materia grasa

No intente hacerlo demasiado bien evitando todo tipo de materias grasas para adelgazar más deprisa. Tome al menos una cucharada de aceite al día (o su equivalente, véase pág. 47) en el almuerzo o la cena; si no lo hace, le faltarán ácidos grasos esenciales y correrá el riesgo de desarrollar cálculos en la vesícula biliar, porque se volvería demasiado «perezosa».

¿Cómo conciliar el régimen de gran velocidad con la vida familiar?

A diferencia de los regímenes rápidos basados en sobres de proteínas, el plato principal de su menú es compatible con una comida familiar. En efecto, no es cuestión de poner a su familia a dieta porque usted quiera adelgazar; al contrario, sería una lástima que se aislara y comiera totalmente diferente de su cónyuge y sus hijos.

El plato principal tiene el interés de proponer tres familias de alimentos (carne, pescado o huevos; verduras; materia grasa) que constituyen la base de la mayoría de comidas; partiendo de esta base, su familia añadirá, según su apetito, un alimento feculento, pan, más aceite o mantequilla, a fin de que cada uno pueda elegir lo que le guste y le siente bien.

Dado que cada uno puede disponer de las cantidades que le apetecen pero comparte el mismo plato, se preserva tanto la buena convivencia durante la comida como el placer y el apetito de cada miembro de la familia.

Pero, una vez más, para tener éxito en el adelgazamiento, procure no sobrepasar la cantidad de materia grasa indicada; tanto si se trata de aceite como de mantequilla, crema de leche o salsa, esfuércese por servir la materia grasa por separado a fin de que cada uno pueda añadirla a su plato según sus gustos y usted pueda dosificar más fácilmente su ración.

Al final de la comida...

Un buen plato de carne o pescado con verduras, precedido, si lo desea, por hortalizas crudas o una sopa, es una comida óptima cuando se desea adelgazar lo más deprisa posible. Si este tipo de «menú» le resulta conveniente, adóptelo, y verá cómo los resultados sobre su peso se harán sentir rápidamente.

En cambio, si desea terminar la comida de otra manera, lea las líneas siguientes para satisfacer sus deseos sin alterar el proceso de adelgazamiento.

Si quiere comerse un yogur

El yogur, rico en calcio y en proteínas, tiene el interés de servir de «postre» al final de la comida, muy agradable para muchos de nosotros. Si le cuesta prescindir de él, elija un yogur o un requesón entre los propuestos en la página 27. Por otra parte, si desea reducir el tamaño de las raciones de carne o pescado, los productos lácteos se lo permiten sin por ello reducir el aporte de proteínas (véase pág. 51).

Si quiere comer queso

Si a usted le gusta el queso, prescindir totalmente de este manjar de nuestra gastronomía durante varias semanas puede resultar muy largo. En este caso, coma un trozo de queso de unos 30 gramos en lugar del yogur (es decir, el tamaño de un octavo de camembert). No se sienta condenado a comer los quesos ligeros, a menudo poco gustosos; elija el queso que le guste entre los quesos clásicos, aunque limitándose a los que tienen una tasa de materia grasa que no sobrepase el 50 por ciento.

Según sus gustos y las recetas, puede consumir el queso tal cual o incorporarlo a un preparado culinario; por ejemplo, queso de cabra o feta en la ensalada, parmesano o emmental rayado para gratinar las verduras, etc.

Desde el punto de vista nutricional, el queso tiene la ventaja de ser rico en proteínas y en calcio, pero tiene el inconveniente, cuando se desea adelgazar, de ser también muy graso. Así pues, para no entorpecer la pérdida de peso, no tome ni aceite ni otro tipo de materia grasa en las comidas que incluyan un pedazo de queso y, por supuesto, nada de pan con el queso.

QUESOS MODERADAMENTE GRASOS (hasta 28 g de lípidos por 100 g)	QUESOS MÁS GRASOS (más de 28 g de lípidos por 100 g)
Brie, bonbel y babybel, camembert con un 45% de MG, carré de l'est, chaource, cabra semiseco, cabra fresco, cabra de pasta blanda, coulommiers, edam, emmental, feta con un 45% de MG, queso fundido con un 25 o 45% de MG, gouda, neufchâtel, parmesano, pont-l'évêque, reblochon, rouy, saint-nectaire, saint-paulin, queso de Saboya, vacherin.	Beaufort, azul, camembert con un 60% de MG, cantal, cabra, cabra seco, cheddar, comté, crottin, quesos fundidos con un 65 o 70% de MG, maroilles, morbier, munster, picodon, pouligny saint-pierre, raclette, roquefort, pirineos, saint-marcellin, sainte-maure, selles-sur-cher, triple crema.

(30 g de un queso de la columna de la izquierda aportan como máximo 8 g de lípidos, es decir, el equivalente aproximado de una cucharada de aceite.)

Si desea terminar la comida con una fruta

Si quiere adelgazar más deprisa, es preferible tomar sólo una fruta al día. Le aconsejo que la tome por la mañana, a fin de tener algo para picar y aguantar mejor durante la mañana.

Pero si no le apetece comerse una fruta para desayunar o está acostumbrado a tomar una fruta al terminar el almuerzo o la cena, entonces cómase una al final de una de estas comidas y suprima la fruta del desayuno (véase la pág. 30 para la elección de la fruta).

Si le gusta mucho la fruta y desea terminar el almuerzo y/o la cena con una fruta pero comerla también por la mañana, no dude en hacerlo; quizá adelgazará un poco más lentamente, pero como estará más satisfecho, aumentarán las posibilidades de aguantar a largo plazo.

La solución ideal: café, té o infusiones

Si necesita un sabor nuevo después del plato principal, ¿por qué no saborear un buen café (después del almuerzo, por ejemplo), un té o una infusión (por la noche, mientras lee o mira la tele)?

¿Cuál es la mejor hora para almorzar o cenar?

Como para el desayuno, no hay un horario obligado ni para almorzar ni para cenar. Adapte la hora de sus comidas a su empleo del tiempo, a sus obligaciones y a sus gustos, y no al contrario; le resultará mucho más agradable.

El desayuno

En función de su empleo del tiempo, de su trabajo y de sus obligaciones familiares, puede almorzar o bien al final de la mañana, es decir, a la hora clásica europea, hacia las 12.30-13.00 h, o bien al principio de la tarde, hacia las 14.00-15.00 h. No dude en cambiar de horario de un día a otro si le conviene.

También puede dividir el almuerzo en dos, lo cual es útil en caso de jornada continua, por ejemplo en ciertas profesiones como los dentistas o los médicos, que sólo disponen de 5 minutos, pero de forma repetida, entre las 12 y las 15 h.

Esta comida se tomará a la hora, pero también en el lugar de su elección. Las soluciones propuestas en las páginas siguientes para las «comidas deprisa y corriendo» son tan sencillas que puede almorzar tanto en un rincón de la oficina como en el comedor de su casa, en un parque público o en la calle un día de compras. No sea prisionero de la imagen de la comida tradicional tomada en la mesa; este tipo de almuerzo ha demostrado sus beneficios, pero no siempre se adapta a la vida moderna.

La cena

Si alguna noche llega pronto del trabajo o desea cenar hacia las 19.00 o 19.30 h, no hay ningún problema: cene a esta hora y después aproveche la larga velada para leer, mirar la televisión, dar un paseo o entregarse a otra actividad de su elección. Y al revés, si por razones profesionales o personales tiene que cenar tarde, después de las 21 o 22 h, prepare el menú como le aconsejo; como la comida de la noche es poco grasa, la digerirá bien y no le impedirá dormir.

Las comidas rápidas

La comida rápida le proporcionará también alimentos ricos en proteínas y en fibra, que le saciarán y serán ligeros a la vez. Pero además la simplicidad de su preparación y su consumo la hace muy útil si dispone de poco tiempo para comer, o desea llevarse la comida para tomarla en la oficina o durante un desplazamiento.

Cómo preparar una comida rápida

En lo referente al *aporte de proteínas,* puede elegir entre:

— 2 a 4 huevos, duros o pasados por agua,
— 3 o 4 lonchas de jamón cocido (procurando no consumir la grasa),
— 1 lata grande de atún al natural (o de atún con plantas aromáticas o ligeramente cocinado, pero sin aceite), o también caballa al vino blanco,
— 3 o 4 lonchas de salmón ahumado,
— 10 a 15 bastoncillos de surimi,
— una pechuga grande de pollo frío,
— una o varias lonchas de carne fría.

Acompañe este alimento, rico en proteínas, de *verduras* consumidas o bien crudas (como tomate, rábano, coliflor, etc.), o bien en ensalada (cruda o cocida), sin poner más de una cucharada de aceite en el aliño.

Otra solución, si aprecia su sabor y su empleo: un sustituto de la comida. Sepa entonces elegir el sustituto (véase pág. 181).

Ejemplos de comidas rápidas

– Ejemplo 1: 3 o 4 huevos duros y 4 tomates crudos.

– Ejemplo 2: 3 o 4 lonchas de salmón ahumado con una ensalada de champiñones al limón.

– Ejemplo 3: caballa al vino blanco con una ensalada verde y una salsa vinagreta balsámica.

– Ejemplo 4: una pechuga grande de pollo con mostaza y una ensalada de endibias con tomate y rábanos, acompañado por una salsa de Tabasco.

– Ejemplo 5: una ensalada compuesta por 15 bastoncillos de surimi, pepino con cebollino y lechuga.

– Ejemplo 6: 4 lonchas de jamón cocido y una mezcla de verduras crudas (pepino, tomate, coliflor, rábanos, champiñones).

– Ejemplo 7: una ensalada compuesta por atún al natural, pepino, tomate y lechuga sazonada con salsa de eneldo.

¿Qué hacer si se tiene hambre?

Durante esta etapa de «gran velocidad», puede tener hambre los dos primeros días, el lapso que el organismo necesita para acostumbrarse a utilizar la grasa del propio cuerpo a fin de obtener la energía que necesita. Después, las cosas irán mejor. Si no ocurriera así y continuara teniendo hambre, utilice los medios siguientes para saciarla:

• Coma un piscolabis durante la mañana, por la tarde o por la noche antes de acostarse (véase la pág. 124 para la elección de los alimentos).

• Aumente las raciones de verdura, y tome con mayor frecuencia un entrante de los que se indican en las págs. 37 a 38.

• Aumente las raciones de alimentos ricos en proteínas, especialmente carne y pescado.

Mis menús para la etapa 1	
Almuerzo	**Cena**
Colombo de pavo (pavo en dados asado con polvo de colombo, comino en polvo, sopa de ave desgrasada y yogur). Brécoles al vapor.	Plato frío: bacalao ahumado, salmón ahumado, bastoncillos de pepino, tomates cereza, coliflor cruda, champiñones en láminas, salsa de requesón, eneldo, mostaza y limón.
Lechuga rizada con salsa vinagreta y nueces. Lenguado a la plancha con limón. Calabacines a la inglesa.	Gazpacho. Jamón serrano. Nabo asado con hierbas (sopa de ave desgrasada y hierbas de Provenza).
Huevos revueltos con 4 especias. Espárragos al natural.	Tomates cereza crudos. Hamburguesa a la plancha casera. Judías verdes con mantequilla.
Pollo adobado con limón y ajo asado. Coliflor al vapor.	Revuelto de gambas. *Carpaccio* de calabacines con parmesano rallado, albahaca fresca y sal fina.
Tomates con cilantro y sal de Guérande. Trucha al vino blanco. Fondue de champiñones.	Filete de ternera al horno con limón confitado, escalonia y sopa de ave desgrasada. Hinojo asado.
Rábanos crudos con sal marina. Carne picada de buey con verduras (mezcla de buey, calabacines, berenjenas y tomates asados).	Salmón al horno con escalonias. *Fondue* de puerros con 1 cucharada de crema de leche ligera.
Ensalada de brotes de espinaca con setas frescas, escalonia, cebollino y unas lonchas de beicon. Vinagreta de aceite de oliva y vinagre de Jerez.	Lomo de bacalao fresco asado. Tomates a la provenzal.

Las bebidas

Sea cual sea la velocidad a la que quiera adelgazar, la elección de las bebidas tiene su importancia. Lo mismo se puede decir durante la fase de estabilización. Así pues, los siguientes consejos deberían ayudarle durante todo su recorrido.

Le interesa beber al menos un litro y medio de líquido al día, para limpiar su organismo y tener una mayor sensación de saciedad. Por supuesto, si lo desea puede beber más, pero no menos de un litro y medio diario. Según su conveniencia, beba durante las comidas o entre las comidas, esto no tiene demasiada importancia.

Contrariamente a la idea reinante, beber durante las comidas no ralentiza el adelgazamiento, todo lo contrario, contribuye a calmar el apetito y, cuando se está un poco nervioso en la mesa, permite disimular y meterse en la boca algo que no engorde. En el restaurante, por ejemplo, mientras se espera el entrante o entre dos platos, es preferible beber uno o varios vasos de Badoit, u otro tipo de agua, en lugar de mordisquear el pan.

Agua a voluntad

El agua es la única bebida indispensable. Tanto si se trata de agua del grifo como de agua mineral, debería ser la bebida básica de sus comidas, lo cual no le impide, como veremos, tomar vino en la mesa.

Las aguas con gas son ligeramente saladas, por lo cual pueden contribuir a la retención de agua, si es usted propenso a ella, y hacerle adelgazar más lentamente; en este caso, le interesa limitar su consumo a medio litro al día, excepto para las aguas de Perrier, Salvetat y Vittelloise, que no son más saladas que las aguas minerales sin gas.

Evito la soda y el zumo de fruta

Es interesante que evite la soda y todas las bebidas con azúcar, tanto si tienen gas como si no; en efecto, el azúcar que contienen estas bebidas no calma el apetito, engorda fácilmente y, por otra parte, se asimila con rapidez, lo cual altera el páncreas y la insulina (véase pág. 119), de ahí la mayor dificultad para adelgazar con rapidez.

El zumo de fruta tiene un inconveniente común con la soda: si se consume en forma líquida, sus glúcidos (la fructosa) calman menos el apetito y hacen más difícil el adelgazamiento. Esta propiedad afecta a todos los zumos de frutas del comercio, tanto si son «100% zumo de fruta» como si no, pero también a la fruta exprimida en casa. Si quiere adelgazar, considere que la fruta está hecha para ser «comida» y no para ser «bebida».

Que le desaconseje la soda con azúcar y el zumo de fruta no significa que le prevenga contra todas las bebidas que tienen sabor. Si elige bien, convertirá estas bebidas en sus aliadas, puesto que son agradables y no alteran la pérdida de peso. En las páginas siguientes veremos lo que se puede hacer.

Bebidas que conviene evitar	
Tipos de bebida	**Nombres de marcas**
Sodas con cola	Coca-Cola, Pepsi-Cola, Stand-up-Cola, Sao-Cola, etc.
Soda con fruta, gaseosa	Orangina, Fanta, Brut de pomme, Sprite, Schweppes, Liptonic, Gini, Ricqlès, Canada Dry, Seven Up, etc.
Bebidas sin gas aromatizadas con fruta (20% de fruta)	Oasis, Banga, Tropico, etc.
Néctar de fruta (mínimo 45% de fruta)	Joker, Fruité, Cidou, Kergal, Goa, Granini, Pampryl, etc.
Zumo de fruta hecho con zumo de fruta concentrado	Kergal, Minute Maid, Fruité, Goa, Carmina, Norky, etc.
Zumo de fruta 100% puro	Tropicana, Teisseire, Cidou, Joker, Tropical Sun, Pampryl, Granini, etc.
Bebidas aromatizadas con té	Ice Tea (Lipton), Nestea, Java Iced Tea (Auchan), etc.
Jarabes de fruta	Teisseire, Sirolo, Sirop sport, Sirop frutile, Java, Moulin de Valdonne, etc.

No abusar de las bebidas *light*

Contrariamente a sus hermanas mayores, muy azucaradas, mencionadas anteriormente, las bebidas «light» tienen pocas calorías, porque se ha sustituido el azúcar por un edulcorante o una mezcla de edulcorantes. Estos edulcorantes están prácticamente desprovistos de calorías, lo cual los hace aparentemente inofensivos para sus kilos.

Sin embargo, las bebidas *light* tienen tres inconvenientes, relativamente poco importantes con respecto a los de las sodas con azúcar, pero tres inconvenientes al fin y al cabo:

• producen una ligera secreción de insulina por parte del páncreas, perjudicial sobre todo en este contexto de pérdida de peso rápida;

• perpetúan o acentúan la atracción por el azúcar;

• alteran los mecanismos naturales del gusto; cuando se consumen antes o durante la comida, acentúan la atracción por los alimentos grasos y muy salados o dulces, como las patatas chips, las patatas fritas o las galletas, y reducen la atracción por los alimentos más favorables para la pérdida de peso, como la fruta, la verdura y las féculas poco grasas.

Por otra parte, si no puede prescindir de la soda o las bebidas con azúcar, le aconsejo que las sustituya por estas bebidas *light*, pero sin abusar; conténtese con un vaso al día, o incluso dos o tres con motivo de una velada. Pero sepa sobre todo apreciar el agua y las bebidas que tienen un sabor diferente al dulce.

El agua aromatizada, si le gusta

El agua aromatizada es un agua mineral a la que se ha añadido el extracto de una planta (en general menta, limón o naranja), pero no azúcar. El aporte calórico es totalmente despreciable, de modo que estas bebidas no le harán engordar. Si le gustan, puede consumirlas, pero si es posible hágalo entre las comidas y no durante las mismas; tanto por razones gastronómicas como nutricionales, saboree la comida bebiendo agua «natural».

Diversas marcas de agua mineral comercializan agua aromatizada:

- las aguas sin gas: Volvic (menta, limón y naranja),
- las aguas con gas: Badoit (menta y limón), Perrier (limón y lima), Salvetat (limón y naranja).

Desconfíe de ciertos productos, parecidos al agua aromatizada, pero que contienen azúcar, como el agua aromatizada con melocotón o té (Volvic de té); aunque sea a una concentración menor, tienen el inconveniente, como la soda, de aportar azúcar en una forma líquida.

Tés e infusiones, sin dudar

Hablo de tés y de infusiones en plural de forma voluntaria, porque una de las características de estas bebidas es su diversidad de sabores; existen muchos tipos de tés, capaces de satisfacernos a todos, desde un té clásico como el Darjeeling, el Ceylan o el té verde, hasta los tés perfumados con vainilla, caramelo o extractos de fruta. Además, tanto si son tradicionales como industriales, el número de infusiones disponibles es capaz de impresionar a los que desean probarlas todas.

El interés de estas bebidas es múltiple:

• El *sabor;* si le gustan, aproveche su diversidad para variar los sabores.

• El *ceremonial* de su preparación y posterior consumo: caliente el agua, después viértala en una tetera con la bolsita de té o de infusión (o mejor con el té o la planta a granel, a menudo con más sabor). Después de unos minutos de infusión, saboree el té o la planta aromática en una bonita taza; según sus gustos, añada o no un chorrito de leche o unas gotas de limón. Tanto la preparación como la degustación tienen un efecto tranquilizante por sí mismas. Con frecuencia resulta útil a las horas en que se come por estrés, nerviosismo o aburrimiento más que por una sensación real de hambre, especialmente al principio o al final de la noche.

• Sus *ventajas para la salud:* se han atribuido durante mucho tiempo ciertas virtudes específicas a las infusiones, como la de facilitar el tránsito intestinal o proporcionar un efecto calmante antes de acostarse. Pero ahora descubrimos, con datos totalmente científicos, los efectos protectores del té (rico en taninos) sobre ciertos tipos de cáncer (como el de próstata), o incluso sobre las enfermedades cardiovasculares. El té verde es especialmente rico en taninos, pero el té «clásico» (fermentado) no carece de ellos; elija pues el té según su gusto.

No dude tampoco en beber tés o infusiones durante el desayuno, a media mañana, por la tarde o por la noche después de la cena, con un buen libro o delante del televisor. Pero para que esta práctica sea beneficiosa para el peso, consúmalos sin azúcar;[1] si le cuesta tomar el té o la infusión sin sabor dulce, tiene dos opciones:

---

1. Las bebidas aromatizadas con té, como Ice Tea, frenarían el adelgazamiento como hace la soda. Así pues, evítelas si desea adelgazar o permanecer delgado (véase pág. 63).

• La primera, que le aconsejo: cambie la marca del té o la infusión, pruebe otros productos, adquiera el té o la planta aromática en caja o a granel en tiendas especializadas (a menudo claramente con más sabor que las bolsitas), salga de los caminos trillados. Es probable que un sabor más intenso y más agradable le satisfaga lo suficiente para no tener necesidad de azúcar.

• La segunda solución: ponga un edulcorante, como el aspartamo o la sacarina.

Sí al café, por gusto

Contrariamente a lo que se cree, beber café no es incompatible con un proyecto de adelgazamiento. El café (sin azúcar) no engorda. Es cierto que produce una ligera secreción de insulina por parte del páncreas, pero se ve compensada por un aumento del consumo de energía, ya que hace que el organismo queme calorías.

Si no le gusta el café, por supuesto no tiene ninguna necesidad de esforzarse en beberlo. Pero si le gusta, no lo evite.

Como para el té o las infusiones, elija una variedad de café de calidad, a fin de extraerle el máximo placer y poder bebérselo sin azúcar; si esta última opción le parece demasiado difícil, tómelo con un edulcorante.

El café acelera el ritmo del corazón; este fenómeno no es molesto para la mayoría de personas. No obstante, si es hipertenso o tiene trastornos del ritmo cardiaco, no debe abusar; conténtese con dos o tres tazas al día o, como alternativa, inclínese por el café descafeinado. El mismo consejo vale para las personas a las que el café les impide dormir.

Zumo de tomate y limón exprimido, cualidades no calóricas

A diferencia de otros zumos de fruta, el zumo de tomate y el limón exprimido tienen muy pocas calorías.

Por lo tanto, pueden constituir una bebida agradable para los que quieren beber, a la hora del aperitivo o durante el día, algo que no sea agua. Además, cada uno tiene sus virtudes nutricionales.

- Igual que el tomate fresco o cocido, el zumo de tomate participa en la prevención de las enfermedades cardiovasculares, de las que están relativamente protegidos los grandes consumidores de tomate. Según sus gustos, no dude en condimentarlo con Tabasco (unas gotas de salsa picante), pero no abuse de la sal de apio.
- El limón exprimido es rico en vitamina C, pero, a diferencia de la naranja o el pomelo exprimidos, aporta muy poca fructosa. Para compensar su sabor ácido, con frecuencia es indispensable añadirle agua. Si lo desea, endúlcelo con un edulcorante, pero evite el azúcar.

Las bebidas alcohólicas

El alcohol es rico en energía (7 calorías por gramo, es decir, cerca de dos veces más que las proteínas y los glúcidos, y casi la misma cantidad que los lípidos), pero no se convierte en grasa en el organismo, sino que las células lo queman casi por completo. Sin embargo, el alcohol dificulta la combustión de las grasas por parte del organismo, lo cual ralentiza el adelgazamiento. Este fenómeno es muy claro cuando se comen alimentos grasos; la repetición de comidas a la vez grasas y bien acompañadas de alcohol es una fuente indiscutible de aumento de peso.

Pero, por otra parte, puede beber diariamente pequeñas cantidades de alcohol sin que su salud o su proyecto de adelgazamiento se vean comprometidos.

Un poco de vino

Comparado con otras bebidas alcohólicas, el vino tiene la ventaja de contener taninos con efectos protectores, supuestos o demostrados según el caso, sobre ciertas enfermedades como las cardiovasculares o el Alzheimer. Esta característica se atribuye sobre todo al vino tinto, más rico en taninos que el vino blanco. Además, tiene poco o está exento de azúcar, porque la fermentación transforma el azúcar de la uva en alcohol; también este fenómeno es más claro para el vino tinto que para el blanco, que a veces tiene un poco de azúcar.

Estos beneficios se manifiestan a pequeñas dosis diarias (1 o 2 vasos de vino para una mujer, 2 o 3 para un hombre; un vaso tiene unos 12 centilitros). Un consumo más elevado comporta riesgos innegables para la salud.

Si no tiene la costumbre de beber vino, no se sienta obligado a hacerlo para estar protegido; la fruta y la verdura, que consume en grandes cantidades con el régimen que le propongo, son también muy ricas en taninos protectores, así como el té. Por otra parte, una persona que nunca ha bebido alcohol y empieza

El vino y la pérdida de peso

En resumen, le aconsejo:
– si no tiene la costumbre de beber vino, no lo haga,
– si le gusta, consuma 1 o 2 vasos al día (un vaso corresponde a 12 cl), eventualmente 3 para los hombres; esto no le impedirá adelgazar.

a hacerlo corre siempre un riesgo, aunque bajo, de consumir progresivamente cada vez más y volverse dependiente del alcohol, es decir, no poder prescindir de él.

La cerveza debe evitarse

La cerveza se fabrica con ingredientes de calidad (cebada, lúpulo, etc.), es una bebida rica en vitamina B y contiene menos alcohol que el vino. Aunque de forma menos clara que el vino, la cerveza probablemente tiene también un efecto protector sobre el corazón debido a su acción sobre el colesterol bueno.

No obstante, le recomiendo que la evite si desea adelgazar; en efecto, además de su composición en alcohol, es relativamente rica en azúcar, y la conjunción de ambos ingredientes no favorece una combustión rápida de las grasas.

Las demás bebidas alcohólicas: elija bien

A la hora del aperitivo, es tentador beber algo que no sea agua o un vaso de vino.

- Si lo desea, puede sustituir uno de los dos vasos de vino diarios que le propongo por:
  - una copa de cava (cava brut, porque tiene poco azúcar),
  - o un dedo (¡horizontal, no vertical!) de un alcohol más fuerte sin azúcar: anisado, vodka, whisky, ron o ginebra, por ejemplo.
- Si elabora cócteles, tenga cuidado y evite asociar azúcar y alcohol; evite el vodka-naranja, el whisky-Coca o la ginebra-tónica, excepto si la soda es «light»; puede tomar, por ejemplo, una Coca-Cola *light* con un dedo de whisky, o una Schweppes *light* con un dedo de ginebra.
- Los vinos cocidos, como el oporto o el Martini, son a la vez ricos en alcohol y en azúcar; sería mejor prescindir de ellos.

Días de fiesta

Si no consume bebidas alcohólicas diariamente sino más bien en momentos un poco excepcionales, con los amigos o la familia, puede agrupar el consumo de alcohol en dos o tres ocasiones a la semana. En este caso, tome, por ejemplo, una copa de cava o un whisky en el aperitivo, y 3 o 4 vasos de vino con la comida, y evite después las bebidas alcohólicas durante tres días.

Cómo beber para adelgazar (y optimizar la salud)		
Bebida	**Cuánto**	**En qué momento**
Agua – del grifo o embotellada – con gas o sin gas	Según la sed (si es posible, al menos 1 litro al día).	Durante y entre las comidas.
Sodas y otras bebidas con azúcar,[1] zumo de fruta, fruta licuada	Debe evitarse. Para el peso, lo mínimo será lo mejor.	
Bebidas *light*	No superar 1 vaso al día.	Entre las comidas.
Agua aromatizada	Según la sed.	Entre las comidas.
Tés e infusiones	Según la sed y el gusto, pero sin azúcar.	Durante el desayuno, a lo largo de la mañana, a la hora del té, después de cenar...

1. Véase también la tabla de la pág. 63.

Cómo beber para adelgazar (y optimizar la salud)		
Bebida	**Cuánto**	**En qué momento**
Café	Según el gusto, pero sin azúcar.	Durante el desayuno, al final de las comidas, entre las comidas.
Zumo de tomate, limón exprimido	Según el gusto, 1 o 2 vasos al día.	A la hora del aperitivo, durante la mañana o por la tarde.
Vino, cava brut	No sobrepasar diariamente 2 vasos (25 cl en total).	Durante las comidas o a la hora del aperitivo.
Cerveza, sidra	Evitar.	
Vodka, whisky, ginebra, anisado	No sobrepasar un «dedo» al día (reducir paralelamente la cantidad de vino).	A la hora del aperitivo. No tomar con soda con azúcar o con zumo de fruta.
Oporto y otros vinos cocidos	Evitar.	

SEGUNDA PARTE

Cómo prolongar la pérdida de peso

❖

Después de haber perdido rápidamente peso
con el régimen de gran velocidad durante
tres a ocho semanas, debe volver suavemente
a una alimentación más copiosa para prolongar
el adelgazamiento, y después estabilizar de nuevo el peso.

Etapa 2: Cómo salir del régimen de gran velocidad

Para algunas personas, el régimen de gran velocidad será suficiente para alcanzar el objetivo, al menos si tienen pocos kilos que perder. Para otras, no será más que una etapa de un largo recorrido.

En ambos casos, habrá que habituar de nuevo suavemente al organismo, durante al menos dos semanas, a una alimentación más copiosa. Continuará perdiendo grasa, pero más lentamente.

Ampliar la elección de la verdura

Para adelgazar a gran velocidad, le he aconsejado que elija verduras especialmente pobres en glúcidos (véase pág. 45), las más susceptibles de favorecer una pérdida de peso rápida porque obligan a las células de los órganos a buscar en la grasa del cuerpo las calorías que no le llegan con la comida.

En cuanto decida pasar a la etapa 2 del adelgazamiento, puede tomar todo tipo de verdura (véase la tabla de la página siguiente), sin restricción de tipo o de cantidad; por lo tanto, coma tanta como quiera.

También en este caso, la verdura puede ser fresca, congelada o en conserva, ya que los efectos sobre la salud y la línea son similares. La verdura fresca es generalmente más sabrosa, pero, si

Etapa 2: las verduras que puede comer	
La verdura de raíz	Zanahoria, nabo, apio nabo, rábano, salsifí, aguaturma (pataca), remolacha, cebolla, puerro.
La verdura de fruto	Tomate, pimiento, berenjena, pepino, calabaza, calabacín.
La verdura de tallo	Cardo, rama de apio, hinojo.
La verdura de hoja	Endibias, canónigos, lechuga, achicoria, lechuga rizada, escarola, lechuga romana, *lolla rossa*, lechuga pequeña, espinacas, acedera, berro, acelgas.
Las coles	Coliflor, brécoles, col roja, col blanca, col verde, col rizada, coles de Bruselas.
La verdura de brote	Espárragos.
La verdura de vaina	Judías verdes, frijolillos, tirabeques.
Corazones de verdura	Alcachofas, palmitos.
Las setas	Champiñones, ceps, níscalos *(rovellons)*, rebozuelos, colmenillas, etc.

no tiene tiempo de adquirirla y prepararla cada día, compre conservas o congelados preparados «al natural», es decir, sin salsas y (sobre todo) sin materia grasa.

Por lo demás, puede comer más fruta y volver a introducir en sus menús:

– *los alimentos feculentos*
– *cierto tipo de pan*

Estas fuentes de glúcidos lentos, que el organismo digiere y asimila despacio, aportarán energía utilizable por los músculos, los órganos y el cerebro, sin poner en peligro el adelgazamiento, aunque éste será más lento con respecto a la fase rápida.

Para cada una de estas familias de alimentos (féculas, pan y fruta), se imponen algunas elecciones desde el punto de vista tanto cualitativo como cuantitativo, para poder aprovecharlos sin dejar de adelgazar.

Dar consistencia al desayuno

Si el desayuno propuesto en el régimen de gran velocidad le parece adecuado, puede muy bien continuar igual; le ayudará a adelgazar a la vez que se siente saciado. Pero muchas personas viven la falta de tostadas en el desayuno como la principal molestia de este régimen de gran velocidad. Si éste es su caso, le alegrará recuperar el pan por la mañana.

Elegir el pan adecuado

A través del pan, el organismo dispondrá, por una parte, de proteínas vegetales y, por otra parte, de glúcidos complejos, que recargarán de energía el cerebro, los órganos y los músculos, y le permitirán estar en forma durante todo el día sin dejar de adelgazar:

• elija un pan denso y compacto; le tomará más tiempo masticarlo antes de tragárselo, lo cual le saciará mejor y hará más lenta la digestión. Es el caso del pan integral, el pan de centeno, el pan de salvado, el pan con cereales, etc. Opte por estos tipos de pan, ricos en fibra, magnesio y vitaminas del grupo B, en lugar de comer pan blanco (barra normal o artesano);

• evite las barras de pan con un aspecto ligero y demasiado esponjoso, hechas con harina blanca; carecen de sabor, tienen la particularidad de deshacerse en la boca y no son capaces de saciarle de forma eficaz. Sin embargo, algunas barras o el pan con levadura, aunque no sean propiamente integrales, adquieren más «volumen en la boca» (es decir, que cuesta más masticarlo antes de tragarlo) que la mayoría de barras actuales; por ejemplo, algunas barras hechas a la antigua o de forma tradicional. Si el pan integral o el pan de centeno no le atraen, estas barras tradicionales o a la antigua le servirán igual.

Puede untar el pan con mantequilla, mermelada o miel. Pero tenga cuidado con las cantidades; no supere el volumen de una bolita de mantequilla y 2 cucharaditas de miel o mermelada.

La presencia de miel o mermelada dará más sabor a las tostadas. Elija la mermelada que más le guste; no está obligado a to-

---

Etapa 2: ¿qué cantidad de pan?

En cuanto a la cantidad, empiece por 50 o 60 g de pan, es decir, 2 o 3 rebanadas delgadas de pan integral, pan con cereales o pan de centeno del que suelen tener las panaderías. Le recomiendo que pese las rebanadas de pan los primeros días, porque es evidente que, en función del tamaño del pan y del grosor de las tostadas, el número de rebanadas puede variar.

Etapa 2: la mantequilla

— Una bolita de mantequilla corresponde a 1 cucharadita rasa (esta forma de medirla, poco elegante, le resultará útil para no superar una cantidad de unos 5 g), o a la mitad de las pastillas pequeñas de 10 g que suelen servir en los hoteles, y que también se encuentran en los supermercados.

— Puede tomar la misma cantidad de margarina, es decir, 1 cucharadita rasa, pero no es más eficaz (ni menos) que la mantequilla para adelgazar.

— Si consume mantequilla o margarina ligeras, con un 41% de materia grasa (o menos), puede doblar la cantidad, es decir, tomar 2 cucharaditas rasas o 2 bolitas; para su proyecto de adelgazamiento, son equivalentes. La elección entre las versiones clásica o ligera dependerá de sus gustos; si le gusta el sabor de la mantequilla, se sentirá más satisfecho con la auténtica, aunque sea en escasa cantidad; en cambio, si lo que le gusta es la untuosidad, tome mantequilla ligera, al doble de cantidad.

mar mermelada ligera, porque la diferencia con la mermelada tradicional es mínima.

Al igual que la mantequilla, la mermelada y la miel son opciones, pero no obligaciones, por supuesto. Si no le gusta, no la unte en el pan. Por otra parte, puede resultarle preferible prescindir de la mantequilla, la miel y la mermelada y, paralelamente, sustituir los productos lácteos, poco grasos, previstos inicialmente (véase pág. 27) por un trozo de queso (unos 30 g, es decir, el tamaño de un octavo de camembert o una mitad de un crottin de Chavignol) con el pan.

Evitar los biscotes

Los biscotes tienen una cierta connotación de «régimen» y, sin embargo, no se los recomiendo, porque generalmente en su fabricación entra, además de harina, materia grasa y azúcar, aportan más calorías, se tragan con mayor rapidez y calman menos el apetito que el pan; la misma observación se aplica a los panecillos suecos (Krisproll), así como a las tortas de arroz. Si está acostumbrado a estos productos y le cuesta prescindir de ellos, elija preferentemente biscotes integrales o con cereales.

Si le gustan los cereales para desayunar

El principio será el mismo para los cereales que para el pan: elegir los cereales que sacien bien el apetito y que se conviertan poco en grasas. Es el caso especialmente de los copos, ya sean copos de avena (el tradicional «porridge» de los anglosajones), ya sea el muesli suizo (que debe tomar sin azúcar y sin o con pocos frutos secos, pues contienen demasiado azúcar; los encontrará en el supermercado, generalmente en la sección de alimentos dietéticos), ya sean los «copos de 5 cereales», etc.

Etapa 2: los cereales que debe privilegiar

- Los copos de avena (copos de avena Quaker Oats, copos de avena U, etc.).
- Los copos de 5 cereales naturales sin azúcar (copos 5 cereales de Céréal).
- El muesli sin azúcar (muesli de Bjorg, muesli de Michel Montignac, muesli sin azúcar de Céréal, muesli magnesio de Gerblé, Bircher Muesli de Aurora, etc.).

Puede tomar 40 g (es decir, 4 o 5 cucharadas) de copos de avena o muesli sin azúcar.

Estos cereales en copos necesitan un yogur y/o leche, y son más sabrosos cuando se dejan hinchar unos minutos antes de consumirlos. Para completarlos, puede añadir dos o tres nueces o avellanas, así como la fruta que elija, cortada en pedazos (véase pág. 30).

En cambio, le conviene evitar los cereales crujientes presentados en forma de copos, como los tradicionales copos de maíz (corn-flakes, Frosties, Jungly, La Vie, maíz inflado Monoprix, etc.), o en forma de granos de arroz inflado o de trigo inflado, etc. Según los casos, tienen azúcar o están recubiertos de miel o de chocolate. Su principal defecto para adelgazar deprisa es que se digieren con demasiada rapidez, incluso más rápido que una cantidad equivalente de azúcar puro. Así pues, se trata de azúcares «rápidos», mientras que los copos de cereales son azúcares lentos. Por ello, pueden ralentizar la pérdida de peso y calman menos el apetito que los copos de avena o el muesli sin azúcar, de ahí el riesgo de un ataque de hambre a media mañana.

Algunos de estos cereales que contienen menos azúcar y son más ricos en fibra quizá le hacen pensar que le ayudarán a adelgazar; es el caso de los copos de arroz y de trigo integral (Spécial K de Kellogg's, Deliform de Happy Farmer, Monoprix la Forme, Form'U, etc.), y los copos de trigo integral (Fitness de Nestlé, All-Bran pétalos de Kellogg's, etc.). Pero no se equivoque, se asimilan muy deprisa, también son azúcares rápidos.

Si, a pesar de estas reservas, le apetecen los cereales de tipo copos de maíz o granos de arroz inflado, elija los que más le gusten; el hecho de que los cereales se vendan con o sin azúcar no modifica de forma significativa sus efectos sobre el organismo. Pero añádales una fruta cortada; la fibra de la fruta ralentiza la asimilación de los glúcidos de los cereales. Añada, por ejemplo, fresas a los *corn-flakes*, o pedacitos de manzana a su tazón de arroz inflado.

Etapa 2: los cereales que debe evitar

– Los tradicionales copos de maíz (corn-flakes, Frosties, Jungly, La Vie, maíz inflado Monoprix, etc.).
– Los granos de arroz o de trigo inflados (Rice Krispies u Honey smacks de Kellogg's, Chocapic de Nestlé, etc.).
– Los pétalos de arroz y de maíz integral (Spécial K de Kellogg's, Deliform de Happy Farmer, Monoprix la Forme, Form'U, etc.) y los copos de trigo integral (Fitness de Nestlé, All-Bran copos de Kellogg's, etc.).

La fruta y los productos lácteos

Aunque coma tostadas o cereales en el desayuno, le aconsejo que tome también un producto lácteo (o dos, si tiene mucha hambre) y eventualmente una fruta. Esto le permitirá controlar mejor el apetito durante el día.

Si lo desea, puede tomar el producto lácteo o la fruta más tarde a lo largo de la mañana. También puede sustituir el producto lácteo por queso (véase pág. 79), jamón o 1 huevo (véase págs. 26-27).

Comer alimentos feculentos en el almuerzo o la cena

Elegir los alimentos feculentos

Puede comer alimentos feculentos todos los días.

Si tiene alguna preferencia, no lo dude, puede elegir el mismo cada día.

Al contrario, si le gusta la variedad, tome cada día un alimento feculento diferente.

Etapa 2: Los alimentos feculentos que puede comer	
Un alimento de origen cereal	Pasta, arroz, sémola, trigo entero (por ejemplo de Ebly), trigo triturado (bulgur o pilpil).
Una legumbre	Lentejas, garbanzos, guisantes majados, alubias blancas, alubias rojas, habichuelas.
Otro alimento feculento	Patatas, maíz, guisantes.

Estos alimentos feculentos son ricos en glúcidos lentos y en proteínas vegetales; le proporcionarán energía para todas las células, le darán placer y le saciarán.

Sin embargo, para que estos productos le ayuden a adelgazar, le pido que respete dos elementos importantes:

• cocinarlos sin materia grasa:[1] evite las frituras o las patatas salteadas, a menos que cocine sin materia grasa en un sartén antiadherente;

• asociarlos a verdura en el mismo plato. De este modo, cada vez tomará un volumen equivalente o superior de verdura.

Contrariamente a lo que se cree, la verdura no se opone a los alimentos feculentos, sino que los complementa.

La asociación fécula/verdura tiene tres ventajas en el plato:

---

1. De vez en cuando puede cocinarlos con la cantidad de materia grasa prevista para la comida, pero entonces no debe cocinar el resto de los alimentos con materia grasa ni añadírsela.

Cómo adelgazar comiendo patatas

— No las cocine con materia grasa (fritas, patatas salteadas).

— Consúmalas rara vez en forma de puré. De la misma manera que la compota es menos favorable para el régimen que la fruta, el puré es menos recomendable que las patatas enteras. En efecto, en forma de puré, los glúcidos lentos de la patata se convierten en azúcares rápidos y sacian con menos eficacia.

— Sea cual sea la forma de cocción de las patatas, hágalo con la piel, que después quitará; de esta forma se conserva intacta la vitamina C, y la asimilación de los glúcidos de la patata se efectúa más lentamente.

— Cocínelas al horno y sírvalas con su piel; es una excelente manera de preparar las patatas, tanto para su placer como para su línea.

 • un efecto de saciedad mayor; el apetito se calma durante más tiempo;

 • una digestión más lenta de las féculas gracias a la verdura; esto es favorable para su comodidad y su pérdida de peso;

 • mayor satisfacción para las papilas gustativas. En efecto, para perder kilos, le recomiendo que consuma alimentos feculentos con poca materia grasa, pero entonces el plato puede parecer muy seco. No obstante, con la consistencia blanda o el aspecto crujiente de la verdura (según la variedad elegida y la forma de cocinarla), este mismo plato de alimentos feculentos será claramente más sabroso, aunque sea un poco graso. Piense en la diferencia que hay, por ejemplo, entre un plato de espaguetis «secos» y el mismo plato aderezado con pisto, tomate a la provenzal, berenjenas o pimientos asados al horno. La asociación de verdura y alimentos feculentos hace que estos últimos sean más gustosos, aunque se sirvan con poca materia grasa.

Un clásico: la pasta con tomate

Para mostrarle cómo adaptar sus preparados a sus gustos y al tiempo de que dispone, veamos el ejemplo de la pasta con tomate.

– Primera solución, sin duda la más apetitosa pero también la que le tomará más tiempo: debe disponer de tomates a la provenzal para aderezar la pasta; prepare los tomates a la provenzal sin materia grasa, o limitándose a la cantidad de materia grasa (véase pág. 47) que corresponda al conjunto del plato (en este caso, no debe utilizar otra materia grasa en esta comida).

– Segunda solución, en especial si tiene poco tiempo: aderece la pasta con tomate natural en conserva, entero o triturado;[1] basta con 30 segundos para abrir una lata de conserva, verter el contenido en una cacerola y cocerlo a fuego lento o en el microondas. Si le gusta, puede añadir hierbas provenzales, hojas de albahaca, cebolla, etc.

– Tercera solución: tome unos tomates frescos, córtelos en el plato y coloque la pasta al lado. La cantidad de materia grasa indicada (véase pág. 47), puede utilizarla o bien en forma de vinagreta para los tomates, o bien ponerla en la pasta, en forma, por ejemplo, de un chorrito de aceite de oliva, una cucharadita de mantequilla o de crema de leche.

---

1. En cambio, la adición de concentrado de tomate en la pasta no es suficiente; el volumen de verdura sería entonces muy claramente inferior al de los productos feculentos, y su consistencia cremosa la haría menos útil. Puede añadir concentrado de tomate a la pasta *además* de los tomates (o de otra verdura), pero no en su lugar.

Con	Tome, por ejemplo,
La pasta	Tomates a la provenzal.
El arroz	Calabacines gratinados.
Las patatas	Coliflor o una ensalada verde.
El maíz	Una ensalada de tomate.
El trigo triturado (bulgur o pilpil)	*Ratatouille* (véase pág. 290).
La sémola	Pimientos y berenjenas al horno.
Las lentejas	Pulpa de tomate o tomates al natural (en conserva, para ir más deprisa) preparados con cebolla.
Las habichuelas	Judías verdes (frescas, congeladas o en conserva, como prefiera).
Etc. (sólo son ejemplos, elija usted mismo la combinación).	

El cuadro anterior le presenta diversos ejemplos de asociaciones de alimentos feculentos y verdura; existen otros miles; elija en función de sus preferencias y de los productos de que dispone.

¿Qué cantidad de alimento feculento?

Puede comer cada día de 100 a 150 g de alimentos feculentos (pesados una vez cocidos), es decir, 2 o 3 patatas pequeñas, o 4 a 6 cucharadas de pasta, arroz, sémola, cuscús, maíz, legumbres, etc. (véase pág. 83).

Alimentos feculentos + verduras:
Los aliados de su régimen

Para que este plato le haga perder peso, debe asociar al alimento feculento una cantidad igual o superior de verdura, en el mismo plato, y consumir simultáneamente el alimento feculento y la verdura.

Además de los efectos beneficiosos para la línea, esta asociación es óptima para la salud; la fibra, las vitaminas y los minerales de las verduras se complementan con las proteínas y los glúcidos del alimento feculento, lo cual favorece en gran medida la salud.

Puede consumir estos productos bien de una vez, en la misma comida, o bien tomar una parte en el almuerzo y la otra en la cena. Sea cual sea la opción elegida, no olvide estas dos reglas importantes:

• asocie a estos alimentos feculentos una cantidad igual o superior de verdura (véase págs. 75-77), cantidad que valorará a ojo, sin necesidad de pesarla;

• no sobrepase, para el conjunto del plato (y de la comida), la cucharada de aceite (o una cantidad equivalente de mantequilla, crema de leche, etc., véase pág. 47) indicada inicialmente.

¿Tengo que reducir las raciones de carne y pescado?

Los productos feculentos como el pan contienen proteínas vegetales; por lo tanto, debe reducir a 50-100 g las raciones de carne o pescado en las comidas que incluyan alimentos feculentos. Una excepción: si tiene mucha hambre, tome porciones mayores (150 g, o incluso más).

Un producto lácteo en el almuerzo y la cena

Si le apetece, puede tomar un producto lácteo después del plato principal; no es indispensable, pero será útil para completar el aporte de proteínas en caso de que tome un trozo pequeño de carne o de pescado (véase a continuación). También puede consumirlo entre las comidas para calmar el hambre.

Carne, pescado y otras fuentes de proteínas animales: ¿qué cantidad con los alimentos feculentos?

• Incluso en presencia de alimentos feculentos, es deseable que la comida incluya una fuente de proteínas animales. Elija entre las siguientes:

— pescado magro o graso, *50 a 100 g, y más si tiene hambre,*

— carne poco grasa, *50 a 100 g, y más si tiene hambre,*

— carne grasa,[1] *50 a 100 g,*

— 1 o 2 lonchas de *jamón cocido* sin grasa y sin corteza (también puede comer jamón serrano, pero sólo una vez a la semana, porque es más graso),

— 1 o 2 *huevos,*

— 6 a 12 ostras u otro molusco,

— 50 g de *queso rallado* (parmesano, emmental), es decir, 7 pizcas,

— 100 a 200 g de *requesón,* es decir, 3 a 6 cucharadas; el requesón aderezado con hierbas o especias puede resultar muy sabroso, especialmente en verano con una ensalada mixta.

• Prepare la carne, el pescado o los huevos sin materia grasa (véanse respectivamente las págs. 220 a 223), o limítese a la cantidad de materia grasa indicada en la pág. 47.

---

1. Con los alimentos feculentos no tome carne grasa más de una vez a la semana para no sobrecargar la comida.

Puede agregar otra pieza de fruta

En la etapa 1, el régimen de gran velocidad le proponía tomar una fruta en el desayuno o a lo largo de la mañana. En esta fase de retorno a una alimentación más copiosa, puede agregar otra pieza de fruta (véase pág. 30), como postre en el almuerzo o la cena, o incluso entre las comidas, como quiera.

Le recuerdo que es mejor comer alimentos sólidos que triturados; sacian más el apetito y facilitan así la pérdida de peso. Por lo tanto, le interesa tomar la fruta fresca, eventualmente cortada en pedazos, por ejemplo, con requesón, pero no abusar de las compotas. En cambio, las frutas al horno (por ejemplo, una manzana) o escalfadas (pera, manzana, ciruela, piña, cerezas, albaricoques, etc.) son dos maneras apetitosas de variar los platos.

Por qué puede comer una fruta en el postre

Contrariamente a una idea muy extendida, la fruta constituye un excelente postre. Puede muy bien consumirse al final de la comida, sin sufrir ni «fermentación» ni «mala digestión en el intestino».

Además, la idea de que la fruta, cuando se toma fuera de las comidas, no engorda, mientras que si se toma al final de las comidas es mala para la línea, es completamente estrafalaria.

La mezcla de fruta y productos lácteos

¿Por qué no mezclar un producto lácteo con una fruta y montar así un postre original y sabroso? Como hemos visto, durante esta segunda etapa, puede tomar un producto lácteo al final del almuerzo y la cena. El yogur y el requesón se adaptan muy bien a la fruta cortada en pedazos (manzanas, plátanos, peras, albaricoques, etc.) o a frutas del bosque (fresas, frambuesas, grosellas, moras, arándanos, etc.). La fructosa, azúcar natural de la fruta, endulza el sabor un poco agrio del producto lácteo. De esta manera, puede montar postres suculentos y coloreados, perfectamente compatibles con su proyecto de adelgazamiento.

Fruta y productos lácteos para el postre
Algunos ejemplos

- Fresas con hojas de menta y un yogur natural.
- Una manzana al horno y frambuesas con requesón a la canela.
- Una pera escalfada con especias y requesón con vainilla.
- Una ensalada de cítricos con menta y requesón.
- Una ensalada de frambuesa y kiwi con un vaso de leche a la vainilla.
- Tres albaricoques y un vaso de leche fermentada.
- Una manzana a cuartos y un yogur con frutas del bosque.
- Un plátano escalfado a la naranja y requesón.
- Frutas de invierno en papillote con la canela y un yogur natural.
- Una pera al horno y un vaso de leche caliente con canela.
- Un pomelo a cuartos y requesón.
- Una pera con zumo de limón y leche aromatizada con té.
- Mezcla de uva (blanca y negra) y un yogur natural.
- Un melocotón escalfado con canela y requesón.
- Una ensalada de frutas de verano (fresas, frambuesas, grosellas, arándanos) y leche fresca con menta.
- Un *bavarois* a la vainilla con cerezas.

Salir del régimen de gran velocidad: La etapa 2 de un vistazo[1]

Desayuno «salida del régimen de gran velocidad»

Té o café: a voluntad.

50 o 60 g de pan[2] (es decir, 2 o 3 rebanadas finas de pan integral, de centeno, con salvado, con cereales, etc.), o 40 g de cereales sin azúcar (es decir, 4 o 5 cucharadas).

Un producto lácteo.

Una fruta no exprimida (facultativo).

Almuerzo «salida del régimen de gran velocidad»

Entrante facultativo

Hortalizas crudas o sopa de verduras sin materia grasa.

Plato principal (plato caliente o ensalada mixta)

Carne, volatería o pescado a voluntad, según el apetito.

Verdura a voluntad, según el apetito.

10 g de aceite[3] (es decir, 1 cucharada rasa).

Un producto lácteo (facultativo)

Cena[4] «salida del régimen de gran velocidad»

Entrante facultativo

Hortalizas crudas o sopa de verdura sin materia grasa.

Plato principal (plato caliente o ensalada mixta)

50 a 100 g de pescado, carne o volatería.

100 a 150 g de alimentos feculentos pesados una vez cocidos (es decir, 2 o 3 patatas pequeñas, o 4 a 6 cucharadas de pasta, arroz, sémola, maíz, legumbres, etc.).

Verdura: un volumen superior o igual al del alimento feculento.

10 g de aceite[3] (es decir, 1 cucharada rasa).

Un producto lácteo (facultativo)

Una fruta fresca (facultativo)

1. Este resumen del método puede resultarle útil en sus desplazamientos. Pero no olvide que sólo tiene sentido si se integra en el conjunto de los numerosos consejos y variantes de esta obra. Sólo son las grandes líneas, que usted podrá adaptar a sus necesidades y deseos.

2. Con una bolita de mantequilla (5 g) y 2 cucharadas de miel o mermelada.

3. Puede sustituir el aceite por otra materia grasa (véase pág. 47).

4. Si lo desea, puede tomar el alimento feculento de la cena en el almuerzo.

Mis menús para la etapa 2	
Almuerzo	**Cena**
Medallones de atún fresco con salsa de curry (curry, yogur, escalonia). Tomate al horno y tallarines.	Filete de ternera asado con ajo. Zanahorias y setas a la brasa. Un puñado de cerezas.
Jamón cocido. Gavillas de judías verdes (rodeadas de una loncha de beicon). Nectarina.	Lubina al horno, chorrito de aceite de oliva. Brécoles y patatas al vapor. Yogur con fruta.
Parrillada de carne (lomo de cerdo, solomillo de buey y escalope de pollo). Parrillada de verduras (hinojo, calabacines, zanahorias). Yogur natural.	Plato frío: cangrejo desmenuzado, espárragos, hojas de lechuga, maíz y rodajas de tomate, salsa de requesón y cebollino. Fresas.
Espaldilla de cerdo semisalada (cocida en agua hirviendo con cebolla + clavo de especia). Judías verdes y habichuelas. Requesón 20% MG.	Melón. Lomo de salmón a la brasa. Espinacas a la crema (espinacas frescas con una cucharada de crema de leche ligera).
Huevos al plato. Calabacines y arroz basmati. Melocotón.	Costilla de ternera a la salvia (hojas de salvia + crema de leche fresca ligera + zumo de limón). Zanahorias Vichy. Requesón 20%.

Mis menús para la etapa 2	
Almuerzo	**Cena**
Lomo de fletán o de rodaballo al vapor. Pimientos asados y sémola. Yogur con fruta. Tajada de sandía.	Hortalizas crudas (pepino, rábano, coliflor) con salsa verde. Rosbif. Judías verdes a la inglesa.
Filete de pollo adobado con limón asado con salsa de requesón + menta + cilantro + zumo de limón. Parrillada de coliflor, brócoli y trigo. Yogur natural.	Codillo a la brasa. Tortilla de pimientos morrones y tomate. Frambuesas.

Etapa 3:
Quiero adelgazar aún más

Recapitulemos: ha seguido el régimen de gran velocidad durante tres a ocho semanas (lo que he llamado «la etapa 1»). Después ha aplicado el programa «salida del régimen de gran velocidad» durante dos semanas (la etapa 2). Ahora se encuentra en la etapa 3. Pueden ocurrir dos cosas:

• o bien ha alcanzado su objetivo y ahora debe preocuparse por estabilizar el peso (véase pág. 101);
• o bien considera que todavía no ha perdido todo el peso que deseaba perder y, por lo tanto, necesita adelgazar más.

Si tenía que perder muchos kilos, o todavía quiere perder peso después de las semanas de régimen de gran velocidad, tiene varias opciones.

Sea cual sea la solución adoptada, puede acelerar periódicamente la pérdida de peso repitiendo el régimen «de gran velocidad» (véase pág. 21).
Pero en este caso no olvide respetar las precauciones (véase pág. 151).

Primera solución: tengo confianza en mí, opto por el régimen de «plena forma»

Con el modo de vida actual, la cena representa para la mayoría de las personas la comida más familiar, la que se prefiere privilegiar, mientras que el almuerzo tiene un aspecto más funcional; rara vez se hace en familia y se dispone de menos tiempo para comer.

Si éste es su caso, si le gusta simplificar la vida, si aprecia los alimentos feculentos así como los postres con fruta, si quiere que su desayuno sea muy flexible, el régimen de «plena forma» probablemente está hecho para usted. Recupera los grandes principios de la etapa 2, que le invito a releer y recordar inmediatamente. La principal diferencia es que puede tomar alimentos ricos en glúcidos lentos a voluntad; así pues, consúmalos según el apetito que tenga, un poco, mucho o... nada:

• en el desayuno: pan o cereales (pero no sobrepase una bolita de mantequilla y dos cucharaditas pequeñas de miel o de mermelada, sea cual sea el número de rebanadas de pan);

• en la cena (o el almuerzo), tome alimentos feculentos, mientras que en la otra comida no debe haber ni pan ni alimentos feculentos.

El hecho de que pueda tomar a voluntad el pan del desayuno, así como los alimentos feculentos del almuerzo o la cena, no significa que esté obligado a consumirlos. Si algún día tiene poca hambre, puede, por ejemplo, tomar sólo un producto lácteo y una fruta por la mañana y/o no tomar alimentos feculentos ni a mediodía ni por la noche.

La tabla siguiente le muestra un resumen sucinto del régimen de «plena forma». Este régimen viene detallado en otra obra mía[1] destinada a las personas que quieren adelgazar en forma comiendo de todo, aunque sea a un ritmo más lento que con el régimen de gran velocidad.

1. Jacques Fricker, *Maigrir en grande forme*, Édit. Odile Jacob, París, 1999.

El régimen de «plena forma» de un vistazo[1]

Desayuno «plena forma»
Té o café: *a voluntad*
Pan o cereales: *a voluntad, según el apetito*
Un producto lácteo
Una fruta (no licuada)

Almuerzo[2] «plena forma»
Entrante (facultativo)
Hortalizas crudas o sopa de verdura (sin materia grasa)
Plato principal (plato caliente o ensalada mixta)
Carne o pescado: *a voluntad*
Verdura: *a voluntad*
1 cucharada de aceite[2] (10 g)
Al final de la comida (facultativo)
Un producto lácteo
Una fruta

Cena[3] «plena forma»
Entrante (facultativo)
Hortalizas crudas o sopa de verdura (sin materia grasa)
Plato principal (plato caliente o ensalada mixta)
Carne poco grasa o pescado: *50 a 100 g*[4]
Alimentos feculentos: *a voluntad, según el apetito*
Verduras: *volumen superior o igual al de alimentos feculentos*
1 cucharada de aceite[2] (10 g)
Al final de la comida (facultativo)
Un producto lácteo
Una fruta

1. Este resumen del método puede resultarle útil en los desplazamientos. Pero no olvide que sólo tiene sentido si se integra en el conjunto de los numerosos consejos y variantes de esta obra. Sólo son las grandes líneas que podrá adaptar a sus necesidades y deseos.

2. Puede sustituir el aceite por otra materia grasa (véase pág. 47).

3. Puede cambiar el almuerzo por la cena cuando quiera.

4. Estas raciones pueden ser más grandes si tiene mucho apetito.

El plato completo: su libertad y mis tres consejos

Libertad: haga caso a su apetito y coma
– tantos alimentos feculentos como desee.
Mis tres consejos:
– tome tanta o más verdura que alimentos feculentos,
– limite el aceite a una cucharada (o una cantidad equivalente –véase pág. 47– de otra materia grasa),
– coma lentamente y pare cuando ya no tenga hambre.

La práctica del almuerzo y la cena «plena forma» es idénti-
ca a la de «gran velocidad» en lo referente a:
– la libertad de horarios (véase pág. 55),
– las comidas rápidas (véase pág. 56).

Segunda solución: si necesito referencias, prolongo la etapa 2

Para reducir las molestias, para facilitar el control natural del
apetito, para ayudarle a perder peso, pero también ayudarle a no
recuperarlo después, la mayoría de las familias de alimentos propuestos en el régimen de «plena forma» se pueden tomar «a voluntad», es decir, que le recomiendo hacer caso a su apetito para
determinar las cantidades.

Si le desconcierta esta libertad, le cuesta percibir su sensación de hambre y de saciedad o tiene miedo de verse desbordado
por sus «pulsiones», todavía tendrá necesidad de referencias para
continuar adelgazando. En este caso, le aconsejo que prolongue
varios meses la etapa 2 (véanse págs. 75 a 93). Sin riesgo de ca-

rencia, las mujeres pierden generalmente 2-3 kilos al mes, y los hombres 3-4.

Sepa relativizar estas referencias, no se obsesione por un gramo de más o de menos, y no se sorprenda si su apetito le conduce unas veces a comer un poco más y otras veces un poco menos de lo que indican estas referencias.

Si a lo largo de la etapa 2 prolongada, se siente especialmente tentado a saborear un postre más goloso que una simple fruta, sustituya una vez a la semana la fruta por:

— *dos bolas de sorbete, o*
— *una ración de tarta de fruta.*

Esta propuesta no es, por supuesto, una obligación, pero sepa que puede ceder a ella sin alterar el adelgazamiento. Espero que esto le haga sentirse más relajado cuando vaya al restaurante o a casa de los amigos. Si lo desea, puede sustituir la ración de tarta de fruta por una ración de *crumble*,[1] pastel de cerezas o tarta de manzana. Lo importante es que este pastel tenga fruta.

Tercera solución: vuelvo al régimen que seguía antes del régimen de gran velocidad

Para alguno de ustedes, el régimen de gran velocidad sólo será un paréntesis entre dos periodos de un régimen que sigue desde hace varios meses y que, según los casos, puede tener diversos orígenes:

— un régimen prescrito por un médico o un dietista,
— un régimen leído en un libro o una revista,
— un régimen confeccionado por usted mismo.

---

1. *Crumble:* pastel de fruta con masa desmigajada por encima hecho al horno. *(N. de la T.)*

Si mientras tanto ha seguido el régimen de gran velocidad, es porque deseaba acelerar el proceso. Después del periodo de gran velocidad, no dude en volver al régimen inicial, si éste:

• no excluye de forma sistemática ciertas familias de alimentos y por lo tanto le permite beneficiarse de cada una de ellas;

• está en armonía con sus gustos y sus costumbres familiares y profesionales;

• es suficientemente eficaz para hacerlo adelgazar.

Así pues, puede alternar el régimen que le guste a largo plazo con las fases del régimen de gran velocidad, sin sobrepasar las ocho semanas en el caso de este último (véase pág. 21).

Estabilizo mi nuevo peso

Siguiendo su camino, utilizando según sus necesidades los regímenes de «plena forma» y de «gran velocidad», ha alcanzado su objetivo: su peso y su silueta ahora le parecen bien. Empieza el periodo de estabilización.

¿Por qué la estabilización es una etapa delicada?

La estabilización es un momento capital en el que la mayoría tropiezan; sea cual sea el régimen, es relativamente fácil perder kilos, pero resulta más difícil no recuperarlos.

Varios factores explican este fenómeno:

• es fácil imponerse algunas molestias cuando se ve que el peso baja en la balanza, pero es más difícil cuando es para un resultado matemáticamente nulo, es decir, para mantener el nuevo peso;

• después de haber perdido peso, el organismo quema un poco menos de energía por la sencilla razón de que tiene que realizar menos trabajo: debe mantener un volumen menor de tejido vivo, y el peso que tiene que transportar durante la marcha, el deporte u otras actividades físicas es menor.

Los mecanismos que presiden la recuperación de peso se ven más acentuados cuando el régimen de adelgazamiento ha sido desequilibrado o frustrante.

Por qué los regímenes desequilibrados conducen a recuperar el peso perdido

– Un régimen pobre en proteínas conduce a una pérdida importante del volumen de los músculos y los órganos, de ahí la disminución acelerada de las reservas de energía y una recuperación de peso casi inevitable al suspenderlo; ocurre, por ejemplo, con el «régimen de la piña», el «régimen del pomelo» o, más reciente, el régimen basado en la «sopa de col».

– Cuando duran varios meses, los regímenes ricos en lípidos y pobres en glúcidos conducen al mismo fenómeno, aunque en menor grado; además, aumentan la atracción por la grasa, de ahí la dificultad de estabilizar el peso.

– Los regímenes que producen hambre o están llenos de prohibiciones dan lugar a una frustración tal que, una vez alcanzado el objetivo y terminado el régimen, se tiene tendencia a «abalanzarse» sobre todo lo que faltaba antes.

– Los regímenes que complican demasiado la vida cotidiana e imponen demasiadas molestias (como ciertos regímenes proteicos mediante sobres) le dejan totalmente desamparado cuando se trata de volver a empezar una vida normal.

Mis referencias para estabilizarme

Los estudios científicos lo demuestran, y la experiencia médica diaria lo confirma: sea cual sea el régimen, el medicamento o cualquier otro método elegido para perder peso, recuperará los kilos perdidos si, al suspender el método inicial, no adopta comportamientos diferentes a los que lo habían conducido a engordar la primera vez; en especial, como muestra el estudio de J. K. Harris y R. Wing, dos investigadores estadounidenses, debe procurar:

- Moverse más a menudo (véase pág. 112).
- Mantener el contacto con el terapeuta si había recurrido a un profesional que lo ayudara a adelgazar. Este contacto puede ser escaso (cada tres a seis meses, por ejemplo) y a distancia (por teléfono, correo, fax, *e-mail*), pero estabilizará mejor el peso.
- Consumir más verdura.
- Comer menos grasa.
- Evitar, sin por ello demonizarlos o desterrarlos totalmente, ciertos alimentos muy ricos y que sacian poco el apetito, como las patatas chips, las hamburguesas, los dulces a lo largo del día, etc.

Mantengo el peso: mis nuevos menús

Para estabilizarse, le propongo una manera de comer que además tiene el interés de ser óptima para la salud.

En el desayuno

• Coma según el apetito que tenga (un poco, mucho o... nada) pan o cereales ricos en glúcidos lentos (véanse págs. 77 a 82), pero modere la cantidad de mantequilla, miel y mermelada.

• Para sentirse saciado y reconstruir las proteínas, tome un producto lácteo (u otro alimento rico en proteínas, como un huevo o jamón cocido). Para su salud, añada una fruta (pero evite el zumo de frutas); si, tanto en el almuerzo como en la cena, consume una fruta y una buena ración de verdura, la fruta del desayuno no tiene menos importancia.

Cómo adelgazar y después estabilizar el nuevo peso de forma natural

Estabilizar el peso no significa tener cada mañana exactamente el mismo peso en la balanza, sino más bien dejar oscilar el peso dos kilos por encima o por debajo del nivel de equilibrio. El sentido y la amplitud de estas oscilaciones dependen de los acontecimientos de su vida y de su influencia sobre la manera de alimentarse.

La estabilización debe prolongarse... el resto de la vida; al menos éste es su nuevo objetivo, ahora que ha alcanzado *su* «peso ideal».

Imponerse molestias contrarias a su sensación de hambre y a sus gustos se mostraría imposible a lo largo de varios años. En cambio, las cosas serán más fáciles si le han gustado las costumbres adquiridas en las etapas de «gran velocidad» y/o de «plena forma»:

– Ser libre de comer según su apetito verdura, carne y pescado, así como, durante el régimen de «plena forma», pan (en el desayuno) y alimentos feculentos (en el almuerzo o la cena); así su cuerpo aprende a recuperar y después a escuchar sus sensaciones naturales de hambre y saciedad.

– Comer verduras en cada comida, incluso en presencia de alimentos feculentos; de esta forma, aunque la comida sea copiosa, las calorías están «diluidas», lo cual permite a los mecanismos naturales de regulación de la alimentación y del peso actuar correctamente. Si le gusta la verdura, la partida está (casi) ganada para la estabilización.

— Moderar la cantidad de materia grasa. Su organismo se habrá acostumbrado a ello durante la pérdida de peso, y ahora tendrá dificultades para digerir comidas demasiado grasas; por gusto, apreciará una cocina menos grasa que la que tomaba antes.

— Recuperar la confianza en su capacidad de no padecer hambre, incluso después de una comida ligera, a partir del momento en que ésta es agradable y le sacia. Ocurre con las comidas basadas en la carne o el pescado y la verdura propuestas en el régimen de «gran velocidad».

— No imponerse prohibiciones, pero saber cómo compensar.

— Adaptarse a cada situación, en familia, con los amigos, en el restaurante, etc.

En el almuerzo y la cena

• El entrante no es indispensable, excepto si el plato principal no incluye verduras; tómelo sólo si le apetece, y prepárelo, siempre que pueda, con verdura: hortalizas crudas, ensalada mixta o sopa. Modere las cantidades de aceite en el aliño.

• Los alimentos feculentos pueden estar presentes en el plato en función del apetito (un poco, mucho o... nada). Cocínelos con frecuencia sin materia grasa; no tome patatas fritas o salteadas más de una vez a la semana. Además, consúmalos con la verdura y no como sustitución de la misma (véase pág. 87). Prepare el plato de tal manera que las verduras ocupen tanto lugar o más que el alimento feculento; si tiene mucha hambre, puede servirse de nuevo de estas dos familias de alimentos, base del éxito.

• Los alimentos feculentos son ricos en energía y en proteínas vegetales; por lo tanto, conténtese con una ración modesta de carne, volatería o pescado (de 50 a 100 g); también puede sustituirlos por huevos (uno o dos), o queso rallado. A la inversa, puede tomar buenas raciones («a voluntad»), cuando tome pocos o ningún alimento feculento o pan.

• Modere la cantidad de materia grasa tanto en el entrante como en el plato principal; aprenda a cocinar de manera sabrosa con menos materia grasa utilizando los numerosos consejos culinarios o ideas de recetas propuestas en este libro, e innovando según sus ideas.

• Para finalizar la comida, prefiera un producto lácteo que no sea queso, y un postre a base de fruta en lugar de pasteles. Recuerde que tanto el producto lácteo como el postre son facultativos; también en este caso siga lo que le indique su gusto del momento.

• Modere la cantidad de pan del almuerzo y la cena, sobre todo si incluye alimentos feculentos, y elija un pan denso y compacto, como el pan de centeno o el pan con cereales (véase pág. 78).

Lo que significa «a voluntad»

En cada etapa, la mayoría de los alimentos indicados lo son en cantidades «a voluntad». Esto no significa que tenga que «atiborrarse», sino que es importante que se deje guiar por sus sensaciones de hambre y saciedad; de esta forma, tendrá más posibilidades de adelgazar cómodamente y conseguir estabilizarse. Escuche a su cuerpo, tenga confianza en sus sensaciones. Si algunos días tiene mucho apetito, comerá más; otros días, comerá menos; su cuerpo controla la situación. Con este libro, dispone de una manera de elegir los alimentos y de preparar la comida que permite esta libertad y este respeto a sus sensaciones, sin hacer peligrar por ello la pérdida de peso. Y si, sobre todo al principio, le cuesta percibir sus sensaciones, remítase a las raciones indicadas en la página 91.

• Elija la bebida que le plazca (agua mineral o agua del grifo, agua con gas o sin, agua natural o aromatizada con extractos de fruta; té, café o infusión sin azúcar; zumo de tomate, limón exprimido, etc.), pero no añada azúcar (eventualmente puede añadir un edulcorante) y evite las bebidas con azúcar (soda, gaseosa, jarabe, etc.), así como el zumo de fruta (véase pág. 63).

Si le gusta el vino, puede beberlo, pero sin sobrepasar, salvo en comidas «excepcionales», los tres vasos al día para el varón, y dos para una mujer.

Para evitar los pequeños accesos de hambre entre comidas

Elija tentempiés ricos en fibra y/o en proteínas y/o en glúcidos lentos:

- una fruta (¿por qué no una manzana, o un plátano, o unos albaricoques, fáciles de llevar y comer con rapidez?),
- una tostada de pan de centeno con queso,
- un yogur o un huevo duro,
- tomates cereza, rábanos o trocitos de verdura.

Escuche a su cuerpo

Espero que la práctica de mis consejos le haya permitido adelgazar y a la vez conservar o recuperar las sensaciones de hambre y saciedad. Escuche a su cuerpo; coma cuando tenga hambre y deténgase cuando se sienta saciado; observará, sin duda, que el hambre aumenta el placer de comer y que, al contrario, el placer desaparece cuando uno está saciado; entonces, ¿por qué continuar comiendo cuando ya no se tiene hambre? No se sienta obligado a terminarse el plato y a comer sin ganas.

De esta manera, podrá estabilizar el peso sin tener que prestar atención a otra cosa que no sean sus sensaciones de placer al comer, de hambre y de saciedad.

Sin embargo, si esta libertad le da miedo, especialmente durante los primeros meses que siguen al adelgazamiento (es decir, a los primeros meses de la estabilización), le propongo tres esquemas más directivos; elija el que más le convenga según su personalidad, sus gustos y sus obligaciones.

¿Por qué y cómo confiar en el cuerpo?

El centro del hambre, presente en una región del cerebro llamada «hipotálamo», adapta el apetito a las necesidades del cuerpo. Induce el hambre cuando nos falta energía, y la saciedad cuando se ha comido suficiente. Pero se desajusta en cinco circunstancias:

– Cuando las calorías son «bebidas»: soda, jarabe, zumo de fruta, té helado y cualquier otra bebida con azúcar.
– Cuando la alimentación es demasiado concentrada en calorías; de ahí la importancia de moderar la cantidad de materia grasa (los alimentos más concentrados) e incluir en cada comida verduras (los alimentos menos concentrados).
– Cuando los glúcidos se asimilan demasiado deprisa, de ahí la importancia de tomar pan y cereales en el desayuno (véanse págs. 77 a 82) y comer verduras y/o fruta (su fibra disminuye la asimilación de la comida).
– Cuando se es demasiado sedentario (véase pág. 112).
– Cuando se come demasiado, a menudo como respuesta a las emociones o al estrés (véase pág. 118).

Alimentos feculentos en cada comida

Si le gusta especialmente la asociación de alimentos feculentos y verduras, y necesita tener el estómago bien lleno, entonces opte por estabilizarse con:

- un desayuno idéntico al preconizado en el régimen de «plena forma»,
- un almuerzo y una cena calcados de la comida copiosa (véase pág. 98), centrada alrededor de un plato completo que comprende a la vez alimentos feculentos y verduras consumidos a voluntad (con carne, pescado o huevos y un poco de materia grasa), y tome el entrante, el producto lácteo y la fruta según el apetito que tenga, pero no de forma obligatoria.

Para los amantes del pan y el queso

Si le gustan especialmente el pan y el queso, le aconsejo, para estabilizase, que siga el programa propuesto en el régimen de «plena forma» (véanse págs. 96 a 98), añadiendo:

- uno o dos trozos de 30 g de queso al día,
- dos a cuatro rebanadas de pan (integral, de centeno, con cereales, etc.) repartidos entre el almuerzo y la cena.

Para los amantes de la materia grasa y los pasteles

Si lo que le ha faltado sobre todo mientras adelgazaba ha sido la materia grasa y quiere más untuosidad en sus platos, más aceite en los aliños, más crema de leche y mantequilla en las salsas, este modelo es para usted.

• Siga las reglas preconizadas en el régimen de «plena forma», pero aumentando las dosis de materia grasa de la siguiente manera: tres cucharadas de aceite (o su equivalente, véase pág.

47) al día, repartidas como lo desee entre el almuerzo y la cena, entre las ensaladas y los platos cocinados.

• Por lo demás, siempre en esta opción, puede regalarse con dos o tres pasteles de su elección a la semana.

En resumen: su programa para adelgazar deprisa

ETAPA 1: el régimen de «gran velocidad»
3 a 8 semanas

ETAPA 2: el programa «salida del régimen de gran velocidad»
(véase pág. 75)
2 semanas

ETAPA 3: después del régimen de «gran velocidad»
• Si todavía quiere perder peso, tiene tres maneras de conseguirlo:
– pase al régimen de «plena forma» (véase pág. 91)
– prolongue la etapa 2 durante el número de semanas que desee (véase pág. 73)
– vuelva a otro tipo de régimen (véase pág. 95)
• Cuando haya adelgazado lo suficiente y quiera estabilizar el peso, siga el programa de «estabilización del peso» (véase pág. 104)

Mantenerse vigilante

No culpabilizarse

La observación es la misma que la preconizada para la fase de adelgazamiento; es deseable fijarse una meta (ahora no ganaré peso) y después poner los medios para llegar a ella, pero sin considerar la partida como perdida si alguna vez nos apartamos del camino previsto; los «extras» forman parte de nuestra vida, de nuestro placer y de nuestro equilibrio. Por lo tanto, es evidente que no se pueden seguir cada día perfectamente los consejos propuestos para estabilizarse, sean los que sean.

Lo importante no es lo que ocurre durante un día, ni siquiera durante un fin de semana o una semana, sino en el camino a largo plazo, durante varios meses. Después de haberse acostumbrado a una alimentación más equilibrada gracias al régimen de adelgazamiento, es probable que su cuerpo rectifique él mismo el tiro después de los «extras», como hace el organismo de las personas que nunca han tenido problemas de peso. Y si no es así, tiene a su disposición los medios siguientes para recuperar el buen rumbo.

El régimen de «gran velocidad» de un día o de una semana para compensar

Si no tiene suficiente confianza en su instinto para recuperar el equilibrio después de «extras» copiosos, recurra a la voluntad, siga el régimen de «gran velocidad» antes o después del «extra». De esta manera, se sentirá mucho más seguro de usted mismo, más libre en los momentos festivos, y conseguirá estabilizarse sin dejar de llevar una vida social normal.

• Un día de «gran velocidad» es suficiente para eliminar los efectos «engordantes» de una comida muy copiosa, por ejemplo un lunes de «gran velocidad» después de un almuerzo dominical festivo.

• Si ha ganado más de un kilo en un fin de semana, durante las vacaciones o cualquier otro periodo de riesgo para su peso, no dude en volver al régimen de «gran velocidad» durante dos o tres días, o incluso una semana completa, a fin de recuperar lo antes posible el peso en el que se siente bien.

Pesarse una vez a la semana

Cuando quiera estabilizarse, súbase a la báscula una vez a la semana o una vez cada quince días. Si el peso que indica la balanza supera en más de 1,5 kg el peso que desea alcanzar, debe reaccionar con rapidez, si no quiere encontrarse con 5 kilos de más al cabo de seis meses. Unos días de «gran velocidad» pueden ayudarle.

En cambio, las oscilaciones de peso inferiores a 1 o 1,5 kg no tienen ningún significado especial; el peso no es un valor fijo establecido de una vez por todas, y es normal que, según los días, presente variaciones de unos centenares de gramos en más o en menos, e incluso de un kilo alrededor del peso de equilibrio.

Sentirse bien en el propio cuerpo

Cambiar la manera de comer a menudo es necesario para la persona que quiere adelgazar, pero no siempre es suficiente para la que quiere estabilizar el peso. Para mantener fácilmente el nuevo peso, es importante que se mueva lo suficiente y que se sienta bien en su cabeza.

Ya sabíamos que la actividad física es primordial para la salud. Ahora sabemos también que es fundamental para evitar el aumento de peso; a título de ejemplo, podemos señalar que el ex-

El deporte, instrucciones de uso

Si quiere estabilizar su nuevo peso, es muy importante que mueva el cuerpo. Pero no se sienta por ello obligado a convertirse en un atleta; bastan tres horas de deporte a la semana, si es posible, no durante el mismo día sino más bien en varias (de tres a siete) sesiones semanales.

Cómo hacer ejercicio sin hacer deporte

Si no le gusta hacer deporte, dispone de otros medios para luchar contra el sedentarismo. Una actividad diaria como andar, subir escaleras, dedicarse a la jardinería, ir en bicicleta despacio o incluso hacer las tareas del hogar son igual de útiles para la persona que quiere estabilizar el peso. Pero es conveniente dedicar un poco más de tiempo que las tres horas propuestas para el deporte; se obtiene la misma eficacia con una hora de actividad ligera al día.

Afortunadamente, esta misma duración (tres horas de deporte a la semana o una hora de actividad física ligera al día) asegura una longevidad óptima. Por lo tanto, la ganancia afecta a los dos ámbitos, línea y salud.

ceso de sedentarismo constituye la principal causa del carácter «epidémico» de la obesidad en los países anglosajones, así como del aumento del sobrepeso entre los niños en Francia.

Poco importa el deporte por el que opte, le ayudará; para hacer su elección[1] existen dos elementos primordiales, si desea prolongar el entrenamiento más allá del entusiasmo inicial:

• elija un deporte que le guste;
• elija un deporte para el cual el acceso a las instalaciones sea fácil; si tiene que perder una hora en los transportes para ir a la piscina o al gimnasio, sin duda no tendrá valor para continuar durante mucho tiempo.

1. Para elegir su actividad física, también puede ayudarle el libro *Le Grand Livre de la forme*, de Dominique Laty y Jacques Fricker, Éditions Odile Jacob, 1997; véase también *Nouveau Guide du bien maigrir*, de Jacques Fricker, Édit. Odile Jacob, 2002.

Me siento bien en mi cabeza

Es cierto que comer es el equilibrio nutricional, pero también es el placer de los sentidos, el compartir con los demás y, para muchos de nosotros, un remedio contra el estrés, el aburrimiento o la depresión.

Si le cuesta controlar una de las dimensiones «psicológicas» de la comida, es probable que pueda beneficiarse, tanto para su «moral» como en sentido amplio para su peso, de un enfoque psicológico del problema. Según el caso, este enfoque puede desarrollarse con su médico de cabecera, un médico nutricionista, un psicólogo, un psiquiatra o incluso un psicoanalista.

Me siento bien con mi régimen

Si le cuesta controlar el peso, si la lucha contra los kilos es un combate incesante, necesita nuevas «reglas» para alimentarse bien y controlar el peso. Pero las reglas que elija no deben convertirse en un dogma; ellas son las que están a su servicio (para ayudarle a adelgazar y después a estabilizar el nuevo peso) y no al revés; con una preocupación de realismo y por una necesidad de fantasía, estas reglas están hechas para ser infringidas de vez en cuando; con una preocupación de eficacia, deben corresponder a una realidad y, por lo tanto, ser sencillas y adaptables, para respetar el metabolismo, los gustos y la forma de vida. En este libro le propongo referencias y no leyes; sepa adaptarlas con flexibilidad a su vida cotidiana, en lugar de seguirlas de forma rígida.

TERCERA PARTE

Restaurante, hambre, invitaciones: cómo controlar los momentos delicados

❖

Ciertas circunstancias, ciertos momentos del día
o de la vida son menos propicios para realizar un régimen.
Son, en cierta manera, los escollos que puede encontrarse
a lo largo de la navegación. Sin embargo, nada demasiado
inquietante si sabe prestar atención y reaccionar con calma
y serenidad. Durante las vacaciones o en el restaurante de
empresa, en casa de los amigos o durante una comilona,
no tenga miedo de estos momentos delicados; no pondrán
en peligro el éxito si sabe manejarlos bien.

Tengo ganas de picar entre comidas

En el sentido médico del término, la crisis de hambre se debe a una falta de energía del organismo, que se traduce por una sensación de hambre y búsqueda imperiosa de comida; durante las primeras cuarenta y ocho horas de este régimen puede tener que enfrentarse con esta sensación de carencia, esta hambre muy real. Después, su cuerpo se acostumbrará a sacar la energía que le falta de la grasa; esto le permitirá a la vez perder kilos y no padecer hambre.

En el lenguaje corriente, tener una crisis de hambre significa también tener ganas de comer, sea cual sea la razón. Veamos tanto sus principales causas como las mejores soluciones.

Definir la causa de mis crisis de hambre

Tengo apetito

Piense primero en lo más sencillo: si tiene ganas de picar entre comidas, puede ser porque tenga hambre. El hambre se manifiesta generalmente por una sensación de vacío en el estómago y cierto nerviosismo, seguido de malestar con sensación de debilidad y sudoración (e incluso, en caso extremo, una pérdida de conocimiento relacionada con la hipoglucemia). Esto traduce una falta de energía, el cuerpo tiene problemas para funcionar adecuadamente y para asegurar las actividades que desea imponerle. La causa suele ser una comida demasiado ligera, la falta de glúcidos lentos o, paradójicamente, el consumo en las horas anteriores de una bebida con azúcar o de glúcidos rápidos (dulces, pan blanco, ciertos cereales; véanse págs. 75 a 80).

Contrariamente a lo que pueda pensar, en este momento no le interesa tomar ni una bebida con azúcar (soda, café o té con azúcar, etc.), ni zumo de frutas. En efecto, estas bebidas, demasiado ricas en glúcidos rápidos, es cierto que le producirían un alivio temporal, pero darían lugar, de rebote, a una brusca secreción de insulina por el páncreas, lo cual tiene dos inconvenientes principales:

– ralentizar la pérdida de peso;
– disminuir bruscamente, en una media hora, el nivel de azúcar de la sangre (glucemia), factor favorecedor de la reaparición del desfallecimiento y el malestar (el malestar de la hipoglucemia). Corre el riesgo de entrar en un círculo vicioso: tengo una crisis de hambre, bebo algo dulce, otra vez tengo una crisis de hambre, bebo algo dulce... y engordo.

Padezco estrés

Es muy frecuente tener ganas de comer no porque se tenga apetito, sino para calmar cierto nerviosismo, para aliviar el estrés. Esta reacción no tiene nada de aberrante e incluso es perfectamente sana; el hecho de comer un alimento que resulta sabroso conduce al cerebro a fabricar unas moléculas llamadas «opiáceos endógenos», moléculas que calman y relajan. Esta actitud es menos perjudicial para la salud que desarrollar una úlcera de estómago o un infarto, o adoptar comportamientos más peligrosos como, por ejemplo, el alcoholismo. Pero, para su proyecto de adelgazar o mantener el peso, el hecho de comer en respuesta al estrés puede trastornarlo todo.

Por qué seguramente tendrá hambre al principio del régimen de «gran velocidad»

En este régimen concebido para adelgazar deprisa sin poner en peligro la salud, he limitado voluntariamente y de forma muy clara el lugar de los alimentos ricos en glúcidos lentos (productos feculentos, pan, fruta...). Por ello, la secreción de insulina por el páncreas disminuirá mucho, lo cual facilitará la capacidad del organismo (cerebro, músculos, órganos) de captar «al máximo» a partir de la grasa la energía que le falta a la comida a causa de la ausencia de alimentos ricos en glúcidos lentos; adelgazará más deprisa. Como esta capacidad de extraer energía de la grasa del cuerpo requiere unos dos días para establecerse, no se sorprenda si tiene apetito al principio del régimen, puesto que su organismo puede, en efecto, carecer de energía; las cosas deberían ir mejor a partir del tercer día. Y si no puede aguantar, especialmente al inicio del régimen, siga los consejos siguientes.

¿Qué hacer en caso de crisis de hambre?

Cuando le cueste soportar el hambre, puede tomar un producto lácteo y/o una fruta, e incluso verdura cruda con una loncha de jamón cocido o un huevo duro (véanse págs. 118 a 121); estos alimentos le proporcionarán una energía disponible para el organismo, pero no darán lugar a una reacción brusca por parte del páncreas. Serán más eficaces (pero quizá menos «golosos») que las galletas ligeras o las galletas de régimen.

En ciertos momentos, las ganas de comer se manifiestan de forma muy especial; ocurre cuando se llega a casa por la noche, después de una jornada de trabajo. Con frecuencia, sobre todo en las mujeres, las ganas de comer se manifiestan de forma imperiosa, a menudo favorecidas por el estrés de la jornada o por las «obligaciones» de la noche (preparar la cena, ocuparse de los niños, encontrarse con el marido, etc.). El hecho de poder comer se presenta entonces como el único espacio de libertad que subsiste entre las obligaciones profesionales, por una parte, y las obligaciones familiares, por otra parte. Esta actitud se observa también cada vez con mayor frecuencia en los hombres, sobre todo cuando llegan tarde a casa después de una larga jornada de trabajo; el primer acto será abrir la nevera en espera de la cena...

Si éste es su caso, primero puede intentar encontrar otro medio de relajarse: tomar un baño, escuchar música, leer una revista, etc. También puede beber o comer, pero entonces siga mis consejos (véanse págs. 117 a 125), para que esta comida no entorpezca su proyecto de adelgazamiento.

Me aburro

El estrés puede producir ganas de comer, pero la falta de estímulos y el aburrimiento a menudo tienen la misma consecuencia. Entonces se come para encontrar, a través de la comida, las sensaciones que no se tienen por otra parte. Esta situación se produce a menudo durante el fin de semana, sobre todo para las personas que viven solas; este periodo de dos días «para llenar» es a veces difícil de soportar.

Si éste es su caso, un primer consejo: intente analizar las razones por las que se aburre. Este análisis puede realizarlo solo, pero también hablando con un buen amigo, o con el médico o el psicólogo. De esta forma, tendrá más posibilidades de encontrar soluciones de fondo a su problema. Mientras tanto, si no encuenta otro medio de satisfacerse, coma, pero si desea adelgazar elija los alimentos propuestos más adelante.

Soy goloso(a)

Quizá sea simplemente la búsqueda de placer lo que le conduce a picar entre las comidas, sin que se vea dominado por el estrés o el aburrimiento. Esta búsqueda de placer gustativo puede tener relación con comidas demasiado tristes; así pues, prepare cuidadosamente sus comidas, tanto si se trata del desayuno como del almuerzo o la cena, para que sus papilas gustativas, satisfechas y hartas, no tengan ganas de comisquear entre comidas.

Y si esto no basta, ceda..., pero ceda con productos que le den placer sin ralentizar demasiado el adelgazamiento (véanse páginas siguientes).

Intento calmar mis crisis de hambre

Como lo suficiente durante las comidas

Si pica a menudo entre las comidas y esta actitud hace que engorde, un primer imperativo es comer, durante las comidas, suficientes verduras y alimentos ricos en proteínas (carne, pescado, huevos). Estos alimentos sacian el apetito de forma irreemplazable si quiere adelgazar deprisa y a la vez no padecer hambre. Durante el régimen de «plena forma» y después durante la estabilización, valore la asociación de alimentos feculentos y verdura (véase pág. 87), apta para satisfacer grandes apetitos.

Sin embargo, no crea que está «prohibido» picar entre las comidas; en realidad, todo depende de lo que consuma. Puede adelgazar muy bien picando entre comidas, pero en este caso debe elegir alimentos que presenten varias cualidades:

– satisfacerle;
– calmar el apetito;
– no requerir preparación;
– no interferir en la pérdida de peso.

Como verá, existen varias soluciones.

Beber algo agradable y sin azúcar

Solamente el hecho de tener algo en la boca, un sabor agradable, a veces quita las ganas de comer; lo mejor es beber, pero cuidado, una bebida sin alcohol ni azúcar, puesto que quiere adelgazar y a la vez calmar el apetito.

Elija una bebida que le guste de verdad; es raro que el agua sola sea suficiente. En cambio, aproveche las bebidas como:

– su agua con gas preferida,
– el agua aromatizada con menta, limón o naranja, pero sin azúcar (Badoit, Volvic, Perrier, Salvetat),
– un zumo de tomate, o un limón exprimido (este último sin azúcar pero con un edulcorante si lo desea),
– un café, té o infusión,
– una bebida ligera, evitando entonces consumir más de una al día.

Sea cual sea la bebida elegida, piense también en el aspecto de relajación; tómese su tiempo, siéntese en el salón o en su despacho y saboree estos instantes para usted. Para más detalles sobre las bebidas, véanse las págs. 61 a 72.

Me muero por algo sólido

Si beber no le basta y necesita algo más consistente, la mejor solución, tanto para su salud como para la línea, será comer verdura... Puede elegir entre:

- los tomates, en especial los tomates cereza, muy sabrosos y muy prácticos,
- los rábanos o los pepinillos,
- los cuadraditos de verdura, que puede preparar personalmente o comprar preparados; los supermercados venden trocitos de pepino, coliflor y otras verduras envueltos en celofán. Durante el régimen de «gran velocidad», elija las verduras que se indican en la tabla de la página 45.

Por supuesto, evite aderezar estos trocitos de verdura con crema de leche o tomar mantequilla con los rábanos... En cambio, un poco de sal no le hará daño si le cuesta tomarlas sin.

«Debilidad» por la verdura

Un buen consejo si esta solución le seduce: saque la verdura de la nevera al menos dos horas antes de consumirla, para que sea más sabrosa. Si no quiere «quedarse corto» cuando regrese a su casa, sáquela por la mañana antes de salir a trabajar, colóquela en un sitio visible del salón o la cocina, para poder picar cuando vuelva y evitar así la tentación del chocolate, el queso o el salchichón.

Para crisis de hambre más «serias»

Si sus crisis corresponden a una sensación real de hambre, sin duda necesita energía, una energía que no le aportarán ni una bebida sin azúcar ni la verdura. ¿Por qué no tomar una fruta o un alimento rico en proteínas (por ejemplo, un producto lácteo, un huevo o una loncha de jamón cocido)?; asocie a este último un alimento rico en fibra (una fruta o verdura) para disponer así de un refrigerio que le sacie pero que sea ligero (véase la tabla de la página siguiente).

Y si...

Cuando se tiene necesidad de cierto consuelo, las ganas de comer a veces sólo se calman con un alimento muy concreto, por ejemplo, galletas, chocolate, salchichón, queso o pan. Además del placer que proporcionan, estos alimentos aportan vitaminas, minerales y varios nutrientes interesantes, pero la mayoría (excepto el pan) tienen el inconveniente de ser grasos, lo cual constituye una dificultad para adelgazar si se consumen a menudo. El pan no es graso pero, en el marco del régimen de gran velocidad, no se lo aconsejo, porque ralentiza la pérdida de peso.

Sin embargo, no se desespere. Si siente debilidad por uno de estos alimentos, u otro que le guste especialmente, cómalo sin

---

Soluciones «tentempié» sencillas y apetitosas

Con un producto lácteo y una fruta
100 g de requesón y unas fresas
Un yogur de fresa con un 0% de MG
y una manzana
Un yogur natural y 1 o 2 clementinas
Un vaso de leche y medio plátano

Con verdura y carne, un huevo o un producto lácteo
Tomates cereza y 1 huevo duro
2 o 3 pepinillos y 1 loncha de jamón cocido
Rábanos y una pechuga de pollo frío
Coliflor cruda y requesón con un 0 a 20% de MG
aderezada con cebollino o finas hierbas

Una fruta para calmar la crisis de hambre

Para calmar una crisis de hambre relacionada con una sensación real de hambre, necesita una energía de la que su organismo pueda disponer rápidamente, pero que no dé lugar a una secreción importante de insulina por el páncreas (véase pág. 114).

Una fruta sirve perfectamente, puesto que proporciona fructosa, un glúcido que el organismo puede utilizar rápidamente pero que no produce una secreción excesiva de insulina.

El plátano o la manzana son buenos candidatos, porque podemos encontrarlos durante todas las épocas del año y son fáciles de llevar para poder comerlos en cualquier circunstancia. Contrariamente a uno de los muchos prejuicios que circulan sobre los problemas de peso, se puede adelgazar muy bien comiendo plátanos.

sentirse culpable sino al contrario, con gusto, apreciando realmente lo que come. Aprovéchelos plenamente, y después tenga cuidado en la próxima comida; sin duda tendrá menos apetito, por lo tanto, consuma raciones más pequeñas de lo habitual. Después recupere el «rumbo» de su régimen. Este «extra» ralentizará de forma muy ligera la pérdida de peso, pero no alterará el resultado final, siempre que no se reproduzca regularmente...

Galletas ligeras... aunque no tan ligeras

Según la publicidad, las galletas ligeras se supone que ofrecen a la vez adelgazamiento y satisfacción gustativa. En realidad, dan al consumidor una sensación de ligereza más por el pequeño tamaño de las raciones que contienen los envoltorios (generalmente de 16 a 37,5 gramos, es decir, de una a seis galletitas) que por su contenido real; es cierto que son un poco menos ricas en materia grasa (lípidos) que las galletas clásicas, pero a veces son más ricas en glúcidos, lo cual da lugar a un aporte de calorías sensiblemente equivalente (véase la tabla de la página siguiente). Además, la mayoría de barritas con chocolate o cereales llamadas «de régimen» o «ricas en proteínas» no ofrecen ventajas tangibles con respecto a las galletas con chocolate clásicas.

Por otra parte, cuando se comparan a la fruta, por ejemplo a una manzana, la ventaja para la línea va incontestablemente a favor de esta última; para un aporte calórico similar o inferior, la fruta sacia mucho mejor debido a su contenido en pectina (una fibra que facilita el adelgazamiento) y al volumen que adquiere en el estómago. A este respecto, es sorprendente ver cómo la publicidad unida a los prejuicios influye sobre el propio juicio. Por ejemplo, un plátano es una de las frutas más ricas, pero se considera que «engorda», mientras que las galletas «Vitalínea» tienen una imagen de «adelgazantes» gracias al nombre que llevan. La realidad es diferente: si se desea perder peso, el plátano será más útil que las galletas ligeras para calmar una crisis de hambre.

En la práctica, en caso de crisis de hambre, céntrese principalmente en la fruta, sobre todo si le gusta. Y si de lo que tiene realmente ganas es de comerse una galleta, elíjala según sus gustos sin preocuparse de su carácter supuestamente ligero o no; si este deseo se reproduce cada día o casi, consulte las páginas 235 a 238 para saber cómo limitar las consecuencias para el peso.

Galletas[1]	Tamaño de la ración	Lípidos por ración	Glúcidos por ración	Calorías por ración
Crocante de chocolate	*2 galletas, es decir 16 g*	*2,1*	*12*	*71*
Choco BN	1 galleta, es decir 19 g	3,1	13,5	87
Douceur fruits rouges	*1 galleta, es decir 25 g*	*1,8*	*15,5*	*83*
Roulé á la fraise	1 galleta, es decir 25 g	1	16,5	80
Tuiles au citron	*5 galletas, es decir 21,5 g*	*1,7*	*16*	*89*
Tuiles aux amandes	4 galletas, es decir 20 g	4	13	96
Croustillant abricot/noisette	*6 galletas, es decir 21 g*	*2,3*	*15,3*	*89*
Coco des Îles	4 galletas, es decir 24 g	6,8	17,1	107,5
Delice pruneaux	*1 galleta, es decir 30 g*	*2,3*	*21,3*	*110*
Figolu	3 galletas, es decir 31 g	1	15,5	110
Plaisir abricots	*1 galleta, es decir 37,5 g*	*2,2*	*27*	*135*
Barquette fruits	6 galletas, es decir 40 g	1	31,6	142
Moelleux pépites de chocolat	*1 galleta, es decir 25 g*	*3*	*15,5*	*95*
Captain cloc pépites chocolat	1 galleta, es decir 30 g	7,2	16,5	138
1 manzana	150 g	-	18	72
1 plátano de tamaño medio	100 g	-	22	90

1. En cursiva se citan las galletas ligeras de la gama Vitalínea. En redonda, las versiones clásicas correspondientes.

La hora del aperitivo

Podrá adelgazar sin abandonar el rito del aperitivo, tanto solo como en pareja o entre amigos. Disfrute de él siempre que lo desee, pero sepa diferenciar entre los aliados de su pérdida de peso y los demás.

¿Qué beber?

En el aperitivo, elija bebidas sin azúcar. Puede escoger entre:

- *Una bebida sin alcohol:*
  - un zumo de tomate,
  - un limón exprimido (sin azúcar, con o sin edulcorante),
  - agua mineral,
  - agua con gas (Badoit, Perrier, Salvetat),
  - agua aromatizada con extractos de menta, naranja o limón (Badoit, Volvic, Perrier, Salvetat, etc.),
  - una bebida ligera.

- *Una bebida con alcohol:*
  - una copa de cava (brut, los demás tienen demasiado azúcar),
  - un vaso de vino tinto,
  - un vaso de vino blanco (pero sin licor de grosella; evite por lo tanto el kirsch),

- un anisado,
- un whisky (seco, con hielo, agua o Cola *light*),
- una ginebra (con hielo, agua o Schweppes *light*),
- un dedo de vodka,
- un dedo de ron.

Evite, en cambio, el zumo de fruta, así como la gaseosa, tanto solos como en forma de cóctel.

¿Qué comer?

Lo ideal, en estos momentos, es consumir verdura fresca:

- tomates cereza,
- rábanos,
- trocitos de verdura: coliflor, pepino, endibias, etc.

Evite mojar estas verduras en crema de leche; pero puede acompañarlas con una mezcla de requesón con un 0 a 20% de MG y hierbas frescas (requesón con menta, requesón con cebollino y limón, requesón con menta y albahaca, etc.), que le permitirá apreciarlos mejor.

Opte también por los encurtidos (verdura preparada en vinagre) , o verdura a la pimienta (pero sin aceite), e incluso por los pepinillos.

En el aperitivo, evite:

— *Las aceitunas,* negras o verdes: a pesar de que son buenas para la salud, alterarán su línea porque son demasiado grasas.

— *Los frutos secos:* cacahuetes, nueces, avellanas, nueces de cajú, pistachos. En efecto, a la hora del aperitivo, generalmente se presentan en una forma salada, lo cual induce a comer demasiados; por su riqueza en grasas, los frutos secos sólo pueden consumirse en pequeñas cantidades durante la fase de adelgazamiento (dos o tres al día).

— *Las galletas saladas y las patatas chips,* que reúnen todos los ingredientes para hacerle aumentar de peso; son ricas en grasas y en glúcidos rápidos y, por lo tanto, se almacenan fácilmente en forma de grasas en el cuerpo. Llevan demasiada sal, lo cual induce a comer más de las necesarias para cubrir las necesidades; cuando se come una, cuesta no tomar una segunda, después una tercera, etc. Además, se sacan en un momento muy «social», el aperitivo, un momento en que la mayoría de nosotros come de forma «automática», como si los circuitos nerviosos que controlan el apetito hubieran dejado de funcionar.

— *Las salchichas pequeñas* y *los cuadraditos de queso,* demasiado grasos.

— *El tarama* (especie de paté hecho con huevas de pescado) o los preparados hechos con aguacate, demasiado grasos.

Las invitaciones

Son muchas las ocasiones de recibir en casa o de compartir una comida en familia o con los amigos. Los momentos importantes de la vida se celebran a menudo alrededor de una buena mesa. Salvo si se lleva una vida recluida, lo cual no es el objetivo de los regímenes que le propongo, no hay ninguna razón para no participar. Sin embargo, tome algunas precauciones para que estos momentos de alegría y convivencia no le impidan adelgazar.

Cuando recibe en casa

Cuando reciba en su casa, las cosas le resultarán relativamente fáciles, porque controlará la situación y elegirá el menú.

El aperitivo

Para el aperitivo, ya dispone de toda la información (véase pág. 129) que necesita. Se dará cuenta de que a sus invitados también les gustan los tomates cereza, los rábanos y otros pedacitos de verdura. Pero presénteles también las tapas a las que están acostumbrados: galletas saladas, avellanas, aceitunas, etc., al menos si se siente con fuerzas para no ceder a la tentación.

El entrante

Puede preparar una ensalada, pero no dude en añadirle unos trozos de paté, cangrejo, aguacate, salmón ahumado, etc.; como sus invitados, usted se aprovechará de la ensalada y de su guarnición, pero moderando las cantidades de esta última. Para limitar la cantidad de aceite en el aderezo pero sin dejar de dar sabor a la ensalada, elija más bien aceite de oliva o de nueces.

El plato principal

Para el plato principal, prepare una carne poco grasa (véase pág. 40) o pescado, por supuesto con verdura (véase pág. 45). Si incluye alimentos feculentos, no debe comerlos en la etapa de «gran velocidad». Ofrezca pan a sus invitados, pero deje circular la panera sin servirse.

Cuando se recibe en casa, buena cocina a menudo es sinónimo de plato de carne con salsa tradicional, a veces muy grasa. En este caso, sírvase un buen trozo de carne y mucha verdura, pero modere la cantidad de salsa; mejor servirla aparte, en una salsera. Y, para que este plato no resulte demasiado pesado en la balanza, evite los alimentos feculentos y prefiera la salsa...

El queso

Si les gusta a sus invitados, piense en presentar una bandeja de quesos, pero usted no los toque...

El postre

Prepare más bien un postre con fruta, como una ensalada de fruta, una compota o un pastel sin azúcar; durante el régimen de «plena forma», no dude en preparar un postre más sofisticado (véanse págs. 293 a 300 para las recetas).

Los amigos me invitan a su casa

Si está en pleno régimen de «gran velocidad», le interesa aceptar sólo las invitaciones de los amigos íntimos o la familia, para poder pedirles que preparen un aperitivo y un menú (al menos para usted) compatible con el régimen (véase más atrás). Ellos sabrán comprender su motivación para adelgazar deprisa y le prepararán «platitos» adecuados.

Durante el régimen de «plena forma», puede estar más tranquilo. Responda a las diversas invitaciones, saboree cada plato, pero limite las cantidades y evite servirse dos veces. Evite también el pan y, antes de la comida, esté atento a la hora del aperitivo.

Una línea de defensa

Si tiene miedo de no poder resistirse a las tapas o los platos preparados por sus amigos o familiares, establezca una «línea de defensa» antes de salir de casa; más o menos una hora antes de llegar a casa de sus anfitriones, cómase un huevo duro con tomates cereza, rábanos o trocitos de verdura, eventualmente una sopa de verdura o un yogur y una fruta; estos alimentos le saciarán y le calmarán; de esta manera se encontrará más tranquilo para aceptar la invitación de sus amigos.

No se asuste, aprenda a recuperarse

Después de una comida excepcional, es posible que la balanza marque al día siguiente 1 a 2 kilos de más. No se hunda por eso; este aumento de peso corresponde, en sus tres cuartas partes, a alimentos en tránsito por los intestinos, así como a agua retenida en su cuerpo por la sal de los alimentos; las comidas festivas suelen ser más saladas que las comidas de todos los días. Sólo una cuarta parte del peso que ha aumentado se acumula en forma de grasa suplementaria en el cuerpo. Los días siguientes perderá espontáneamente los kilos que corresponden a los alimentos en tránsito y a la retención de agua. En cuanto a la grasa, desaparecerá progresivamente.

Por supuesto, una comida festiva ralentizará la pérdida de peso, así que le interesa evitarlas durante el régimen de «gran velocidad»; pero si decide sucumbir, conserve la calma; «ganará» de todas formas su lucha contra los kilos si regresa lo antes posible al régimen.

¿Qué hacer después de una comida muy copiosa?

En la comida que sigue a una comida festiva, escuche sus sensaciones; es probable que su cuerpo se regule por sí mismo y tenga poca hambre, e incluso ninguna. No se fuerce a tomar una comida completa, conténtese con beber (agua, caldo, té, infusión, etc.) si no tiene nada de apetito; tome sólo un plato ligero si tiene cierto apetito, y no se lo termine si ya se siente saciado.

En caso de que le cueste, sobre todo al inicio del recorrido, darse cuenta de las cosas y captar sus sensaciones de hambre y saciedad, sepa que puede contentarse, por ejemplo, con una sopa de verdura seguida de dos o tres yogures y una fruta, o una ensalada verde con 2-3 lonchas de jamón cocido o salmón ahumado.

Comer en el restaurante

El comedor de empresa

Cada vez hay más personas que comen en el comedor de empresa, que suele ser un autoservicio. Si para usted esta comida tomada entre colegas no es ni muy sabrosa ni muy agradable, la mejor solución es, sin duda, que vaya con la menor frecuencia posible y se decida por una de las fórmulas para llevar propuestas en las páginas 56 y 57.

En cambio, si esta actitud le parece difícil o «punitiva», vaya al comedor, pero intente elegir los platos de manera adecuada:

• Tome verdura cruda como entrante y un plato de carne o pescado con verduras (pero sin feculentos) como plato principal.

• Evite los platos grasos; si la carne va acompañada de salsa o la verdura tiene mantequilla, no ponga vinagreta a la verdura cruda, y viceversa.

• Y no tome ningún producto lácteo, ni fruta, ni pan.

Sí al restaurante tradicional

Si las comidas en el restaurante forman parte de su vida cotidiana, si son inevitables a causa de su trabajo, tendrá que prestar atención; cuando le sea posible, elija la fórmula de entrante + plato o plato + postre en lugar del menú completo.

El entrante

Para empezar la comida, opte por un entrante rico en proteínas o fibra, pero pobre en glúcidos y en grasas. Por ejemplo, opte por:

- un plato de mariscos o salmón ahumado en lugar de un hojaldre de langostinos,
- una ensalada con trocitos de paté o mollejas en lugar de dos lonchas de paté con tostadas,
- una ensalada de marisco en lugar de una quiche de salmón,
- melón con jamón de Bayona en lugar de un plato de embutidos.

El plato principal

Los platos que proponen los restaurantes a menudo son bastante grasos, y no se puede hacer nada; por lo tanto, tendrá que arreglárselas con los alimentos ricos en glúcidos (productos feculentos y pan). Tome un trozo de carne o de pescado, con verduras, pero nada de alimentos feculentos ni pan.

Evite las frituras, las salsas grasas, y no se sienta obligado a terminarse el plato.

Pase de largo ante la bandeja de los quesos...

El postre

• Durante el régimen de «gran velocidad», tiene tres soluciones para el postre:
- ensalada de fruta,
- requesón,
- o... pasar directamente al café.

• Durante el régimen de «plena forma» y de estabilización, la elección es más amplia, pero prefiera:
- *un sorbete de chocolate amargo* con la nata ligera en lugar de una mousse de chocolate.

— *un bavarois o crema de fruta, un sorbete o una ensalada de fruta al kirsch* en lugar de una crema quemada o una copa de helado con crema Chantilly,

— *requesón* en lugar de nata fresca para acompañar una *tarta de fresa* o una tarta tatin...

Restaurante tradicional: algunos consejos

— Evite el pan, pero tome, si lo desea, uno o dos vasos de vino.

— Coma lentamente.

— Beba agua (mineral o con gas, según sus gustos), en lugar de atiborrarse de tostadas con mantequilla mientras espera que le sirvan o que los demás comensales hayan terminado su plato.

Régimen de «gran velocidad»: evitar la pizzería y otros restaurantes «típicos»

Las pizzas tradicionales tienen motivos para seducir a los nutricionistas: riqueza en glúcidos lentos (el tipo de pasta), equilibrio entre las proteínas vegetal (la pasta) y animal (el queso), presencia de verdura (tomate, rico en fibra, vitaminas y minerales) y contenido moderado de grasa. Constituyen un excelente plato completo. Sin embargo, hoy, las pizzas que se encuentran en las pizzerías son más grasas, debido a la forma de preparación y a la guarnición, más rica.

En los dos casos, ni la pizza ni la pasta son recomendables para su proyecto, de modo que evite las pizzerías durante unas semanas.

El mismo consejo vale para las creperías, los restaurantes chinos, el cuscús y también la comida rápida, a menos que se limite a una ensalada... Tenga paciencia, el régimen de «plena forma» ya no está lejos y le ofrecerá mayores posibilidades de elección.

Régimen de «plena forma» y estabilización: el «sí pero» en la pizzería y en otros restaurantes típicos

La pizzería

Durante el régimen de «plena forma» y la fase de estabilización, las comidas en la pizzería pueden armonizarse muy bien con su proyecto de perder peso; para ello, siga estos consejos:

- Elija un plato de pasta o una pizza, pero no ambos.
- No necesita ni pan, ni plato de carne, pues la guarnición de la pizza completará en proteínas de origen animal las proteínas de origen vegetal de la pasta de pan.
- Otra solución es el parmesano rallado que se añade a la pasta.
- Tenga cuidado con la guarnición; procure elegir una pizza clásica: napolitana, margarita, cuatro estaciones, *capriciosa diavola*), pues son las menos grasas. Evite añadir aceite pimentado, porque aumenta el aporte de grasas de la pizza y favorece el aumento de peso, aunque se trate de aceite de oliva.
- Si la guarnición de la pizza contiene poca verdura, especialmente tomate, o si toma pasta, pida también una ensalada verde, una ensalada de tomate, de berenjena u otra verdura para tener un aporte suficiente de fibra.
- Termine con un sorbete o una ensalada de fruta.

El restaurante chino

La cocina china está de moda, los restaurantes chinos proponen comidas económicas, exóticas y a menudo sabrosas.

En el restaurante chino, tiene cuatro aliados:

– la cocción al vapor, gracias a la marmita de bambú que no requiere la adición sistemática de materia grasa,
– el arroz natural,
– el té, que sustituye muy bien al vino,
– los palillos, que obligan a comer despacio...

El arroz puede sustituirse por otras fuentes de glúcidos lentos: los tallarines o las tortas para *nems*, también hechas con arroz; las judías negras; los fideos chinos, que proceden de una mezcla de judías *mung* y harina de tapioca.

En cambio, evite el arroz cantonés, generalmente más graso. Además, en la medida de lo posible, elija platos preparados al vapor o a la parrilla en lugar de fritos.

Si no hay verduras en su plato, pida una sopa de verduras o una ensalada. Las asociaciones de sopa y *Dim Sum* (o «bocaditos») al vapor, o una ensalada con rollitos de primavera, o rollos imperiales, o *nems* constituyen una comida equilibrada. Y el pato lacado de vez en cuando no le impedirá bajar de peso. Como postre, es fácil elegir un sorbete o una ensalada de frutas exóticas.

El cuscús

A pesar de lo que se cree, se puede adelgazar comiendo cuscús en el restaurante. Para conseguirlo, siga estos consejos:

• evite el entrante,
• opte por la brocheta de cordero o el pollo en lugar del carnero, la albóndiga de carne o la salchicha picante,

• tome mucha verdura, de manera que tenga en el plato tanta o más verdura que sémola,

• renuncie al pan, que sería repetitivo con la sémola,

• evite los postres orientales, muy ricos en azúcar y en grasa, y tome una ensalada de naranja con canela, dos bolas de sorbete, unos dátiles o, por qué no, un té a la menta...

La crepería

No sólo en Bretaña se comen buenas crepes. Entre amigos o en familia, una comida en la crepería constituye a menudo un placer a la vez goloso, relajado y (relativamente) barato. La pasta para crepes está compuesta por leche, harina, huevos y aceite. Si la cantidad de aceite en la pasta es moderada y se elige una crepe rellena con verduras y/o hortalizas crudas, constituye un plato equilibrado y completo.

Para hacer crepes saladas, generalmente se hace la pasta con harina de alforfón o trigo sarraceno; para las crepes dulces, suele utilizarse harina de trigo clásico o harina de trigo candeal.

Si come a menudo en la crepería, estos consejos le resultarán útiles para continuar perdiendo peso sin cambiar sus costumbres:

– Para evitar que la crepe sea demasiado grasa, pida que le preparen la pasta de crepe sin mantequilla. Es fácil si el restaurante utiliza sartenes de teflón o planchas eléctricas.

– Limítese a dos crepes: dos saladas, o una salada y una dulce.

– Para la crepe salada, elija un solo relleno rico en proteínas en lugar de dos o tres: o jamón, o *gruyère*, o huevo. También puede tomar una crepe de atún, salmón (sin crema de leche), de vieiras, etc. Si es posible, pida también verdura en el relleno: tomate, pisto, champiñones, cebolla, espinacas, etc. En caso contrario, haga que le traigan una ensalada verde o una ensalada de tomate con la crepe.

– Para la crepe dulce, elija también la sobriedad, es decir, un solo relleno y no varios: crepe de mantequilla, o de chocolate, o flameada, o con limón, o mejor de plátano, compota o frutas rojas, etc.

– Si le gusta la sidra, tome uno o dos vasos, sobre todo de sidra brut (tiene menos azúcar). Para quitarse la sed, beba agua.

– Y si realmente tiene mucha hambre, no se coma dos, sino tres crepes...

En el restaurante de comida rápida

Las comidas que ponen en estos restaurantes suelen ser demasiado grasas para poder adelgazar si se va con frecuencia; ¡piense que una comida que incluye una hamburguesa, una ración de patatas fritas de 100 g y una empanadilla de manzana aporta a una mujer dos tercios de la grasa que debería tomar durante todo el día! Por otra parte, estas comidas son pobres en vitaminas, minerales y fibra. No obstante, si se elige bien, es posible conciliar una comida rápida con la línea:

• elija la hamburguesa básica (la más sencilla y barata); rechace las Cheese Burger, Double Burger y otras Royal y Big Burger: son demasiado grasas;

• tome una ensalada en lugar de patatas fritas; si realmente le atraen las patatas fritas, pida una ración pequeña en lugar de una grande. Si quiere que la comida rápida sea lo menos grasa posible, no consuma toda la salsa de la ensalada, o mejor, sustitúyala por mostaza, limón o ketchup;

• reemplace la Coca-Cola clásica por un vaso de agua o de Coca *light*;

• sustituya el postre (generalmente muy rico) por un café. Eventualmente, cuando sea posible, tome una ensalada de fruta.

Así pues, puede adelgazar con una comida tomada en el restaurante de comida rápida que incluya una hamburguesa simple, una ensalada, o bien hortalizas crudas (eventualmente una ración pequeña de patatas fritas) y una bebida sin azúcar.

La restauración rápida puede también prepararse a la francesa en lugar de a la norteamericana:

• tome un bocadillo de pan integral o de pan de centeno en lugar de pan blanco;

• evite la mayonesa o la mantequilla, y sustitúyalas, si es posible, por una salsa de requesón y hierbas;

• tome un solo ingrediente rico en proteínas y no dos: huevo duro, o jamón, o salmón, o atún, o queso, etc.;

• tome hortalizas crudas (tomate, lechuga, pepinillo) en el bocadillo, o mejor, una bandeja de verduras.

Cuando tenga que comer en la cafetería, lo mejor es que pida una ensalada mixta. Si le resulta difícil, o le apetece otra cosa, evite los productos más grasos como:

— las empanadillas de carne,
— las empanadillas de queso,
— una quiche,
— el pastel de verduras,
— la bollería.

En este caso, es mejor que se incline por el sándwich caliente de jamón y queso, la ración de pizza, un bocadillo o un perrito caliente, si es posible, con unas verduras crudas o unas hojas de lechuga.

Para los adeptos de la bandeja
ante la tele

Tanto a la hora de cenar como de comer, le aconsejo que apague el televisor. En efecto, cuando está distraído por las imágenes de la pequeña pantalla, al cerebro le cuesta más controlar la comida; corre el riesgo de comer más de lo que le dicta su apetito, o de sentirse poco saciado las horas siguientes. Además, la televisión altera la convivencia durante las comidas, el diálogo y la charla compartida alrededor de la mesa.

Pero quizás usted sea de los que tienen problemas para apagar la tele, aunque sólo sea media hora por la noche. Esto no debe impedirle tomar una verdadera comida, en la mesa, en lugar de comisquear por aquí y por allá un pedazo de pan, queso, embutidos, patatas chips, etc. A los que quieren una bandeja delante de la tele, les proponemos algunas ideas de platos fríos, de preparación rápida.

Ideas para platos fríos

Idea 1 Ensalada *niçoise:* atún al natural, huevo duro, tomate, judías verdes, **patatas,**[1] lechuga Vinagreta con aceite de oliva	*Idea 2* Pechuga de pollo y mostaza a la antigua Ensalada de judías verdes **y patatas Roseval** Vinagreta con vinagre de Jerez
Requesón	Yogur natural
Fresas o frambuesas	Sorbete de grosella
Idea 3 Verduras crudas (zanahorias, coliflor, rábanos) Requesón con hierbas Salmón ahumado Lechuga crujiente y vinagreta al eneldo Patatas cocinadas con piel	*Idea 4* Asado de buey frío y pepinillos Ensalada exótica: arroz o maíz, pimiento rojo y verde a trozos, tomate Vinagreta con aceite de oliva
Un melocotón	Ciruelas

1. Los alimentos feculentos (en negrita) se pueden incluir en el régimen de «plena forma» (serán el alimento feculento del día) y en la fase de estabilización, pero deben evitarse en el régimen de «gran velocidad».

Me marcho de vacaciones

Tanto si se marcha varias semanas como un fin de semana largo, a casa de unos amigos o con un grupo, no siempre es fácil seguir un régimen durante las vacaciones. Estos instantes privilegiados deben ser ante todo momentos de relajación y no un periodo de estrés. Por eso, si le parece difícil seguirlo durante las vacaciones, le propongo que ponga su proyecto entre paréntesis; siempre tendrá tiempo de empezar de nuevo después.

Su objetivo para este periodo de vacaciones será estabilizar el peso. Para conseguirlo y no recuperar los kilos que había perdido antes, los siguientes consejos deberían ayudarle.

Para evitar aumentar de peso durante las vacaciones	
En el desayuno	Evite la bollería. Prefiera una fruta fresca en lugar de un zumo de fruta.
En el almuerzo y la cena	• Prevea una, y no dos, «comidas gastronómicas» al día. Prefiera los entrantes con hortalizas crudas, ensalada o sopa. Evite las frituras. Tome queso sólo un día de cada dos. Prefiera los postres preparados con fruta (fruta fresca, ensalada de fruta, sorbete, tarta de fruta, pastel de cerezas, etc.). • En la otra comida: limítese a una comida rápida (véanse págs. 57 y 58), o a una comida que comprenda un solo plato con pescado, o volatería, y verduras.
Entre las comidas	Evite las bebidas con azúcar. Prefiera el té, el café, el agua sin azúcar, aromatizada o no, con o sin gas.

CUARTA PARTE

Cómo asegurar el éxito

❖

*Cuando se quiere adelgazar deprisa, los errores
en el recorrido pueden pagarse muy caros
(para la salud, para la silueta y para el éxito
a largo plazo del adelgazamiento); es un poco como
cuando se va en coche: un error en la conducción tiene más
consecuencias si se va deprisa. Si sigue las recomendaciones
siguientes, tiene todas las posibilidades de adelgazar,
rápidamente, pero bien.*

Proteger la salud

No hacer un régimen de gran velocidad si...

Adelgazar muy deprisa es estimulante; pero, para no poner en juego la salud, es indispensable que conozca y respete las contraindicaciones de este régimen. Si su situación corresponde a uno de los casos siguientes, debe optar por un método más lento (véase pág. 95).

Tiene menos de 18 años

Los regímenes muy estrictos no están indicados para los niños o adolescentes con sobrepeso, excepto por prescripción médica competente. En efecto, debido al crecimiento, los niños y los adolescentes necesitan comer más de lo que proponen estos regímenes. Por otra parte, la infancia y la adolescencia son dos periodos en que se establecen los gustos y las costumbres alimentarias, que serán las del futuro adulto. Unas restricciones demasiado importantes a esta edad podrían generar frustraciones capaces de conducir, meses o años más tarde, a reacciones extremas, como una anorexia o una bulimia.

Por eso se recomienda que los niños y los adolescentes que necesitan adelgazar sigan un régimen más parecido a la alimentación normal de su edad; a veces puede ser necesaria una actitud más «agresiva» en cuanto a régimen, pero nunca sin un control médico.

Está embarazada o dando de mamar

El embarazo da miedo a las incondicionales de la silueta: miedo de la transformación del cuerpo, miedo sobre todo de los kilos acumulados durante nueve meses y difíciles de perder después del parto.

Sin embargo, aunque quiera controlar su alimentación para limitar el aumento de peso, también debe evitar las carencias, que serían perjudiciales tanto para su organismo como para el del futuro bebé. Si está embarazada, necesita más energía, más alimentos feculentos y pan, más productos lácteos y fruta de lo que proponen los regímenes rápidos.

En cambio, es posible seguir un régimen más copioso,[1] que aporte la mayoría de los elementos necesarios para el feto y a la vez le permita perder un poco de peso, e incluso perder un poco sus pistoleras.

Los consejos son idénticos si está dando de mamar a su bebé.

Tiene más de 70 años

Una alimentación demasiado pobre en elementos nutritivos esenciales es el principal peligro que le acecha después de los 70 años. Concurren numerosos factores. Algunos están relacionados con el entorno (disminución de los recursos financieros, soledad, depresión, dificultades para hacer la compra o preparar la comida). Otros se deben a alteraciones corporales: mala dentadura, disminución de la percepción de los sabores o pérdida del apetito provocada por los medicamentos. Por ello, adelgazar a partir de los 70 años puede ser perjudicial para el organismo y

---

1. Jacques Fricker, Anne-Marie Dartois y Marielle du Fraysseix, *Guide de l'alimentation de l'enfant*, Édit. Odile Jacob, París, 1998. [Hay trad. al castellano: *Guía de la alimentación del niño*, Tursen Hermann Blume, Tres Cantos, Madrid, 2004.]
Jacques Fricker, *Le Nouveau Guide du bien maigrir*, Édit. Odile Jacob, 2002.

puede conducir a una muerte más precoz que si el peso no hubiera cambiado.

Adelgazar después de los 70 años sólo tiene interés si espera obtener un beneficio importante, ya sea para su salud, ya sea para su vida cotidiana; no inicie un régimen a la ligera, hable antes con su médico y evite hacer un régimen rápido durante más de una semana. Después, coma más;[1] adelgazará más lentamente, pero su salud estará protegida.

Ha padecido anorexia o bulimia

• Más que una verdadera pérdida de apetito, «la anorexia mental» corresponde a un rechazo de la alimentación, que se prolonga durante varios meses y a menudo durante varios años, una actitud voluntaria que refleja un conflicto psíquico profundo.

• Aunque sus orígenes sean parecidos, la bulimia se manifiesta de forma diametralmente opuesta por un exceso alimentario, que aparece por crisis irresistibles; estas crisis con frecuencia van seguidas de vómitos.

Estas dos «desmesuras» del comportamiento alimentario afectan esencialmente a las mujeres; si bien su manifestación se ve favorecida por la contradicción de nuestra sociedad, que propone al mismo tiempo cantidad de alimentos y aboga por la delgadez como ideal de silueta, tanto la bulimia como la anorexia son generalmente el reflejo de conflictos psíquicos importantes.

Si ha padecido una de estas enfermedades o tiene tendencia a dejar de comer totalmente en ciertos periodos o a tragarse de golpe gran cantidad de alimentos sin un verdadero placer, no intente adelgazar demasiado deprisa; la disciplina alimentaria

1. Véase *Le Nouveau Guide du bien maigrir*, op. cit.

que requiere un régimen podría provocarle frustraciones y, de rebote, desencadenar un periodo de anorexia o de bulimia.

Tiene una enfermedad grave

Si padece una enfermedad grave, especialmente si afecta al riñón o al hígado, los regímenes rápidos no están hechos para usted, excepto por prescripción de su médico.

En cambio, si realmente necesita adelgazar, puede hacerlo de forma más lenta.

En todos los casos, hable antes con su médico.

Tiene problemas cardiacos

El exceso de peso es perjudicial para el corazón y, si realmente lo tiene, adelgazar será sin duda beneficioso. Incluso puede ser indispensable perder peso de manera rápida (véase pág. 171).

Pero, a la inversa, algunos problemas cardiacos constituyen una contraindicación para un régimen demasiado estricto. En todos los casos, si es un enfermo «cardiaco», si padece una insuficiencia coronaria o trastornos del ritmo cardiaco (palpitaciones, etc.), primero consulte con su cardiólogo antes de lanzarse al régimen, sea el que sea.

Tiene pocos kilos que perder

Si sólo quiere perder 3 o 4 kilos (véase pág. 168), ¿por qué molestarse con un régimen que, aunque no es perjudicial para su forma física ni para su salud, limita considerablemente su elección en la composición de los menús?

Inclínese más bien por métodos adecuados a su problema, eficaces y más agradables, aunque no sean tan rápidos.[1]

---

1. Vea mis obras ya citadas *Maigrir en grande forme* y *Le Nouveau Guide du bien maigrir*.

¿Reconciliarse con uno mismo o restringirse «de por vida»?

Si su peso se sitúa en el intervalo óptimo para su salud y ha variado poco desde los 20 años, probablemente le interesa conservarlo, porque su cuerpo se encuentra bien con él. Si intentara adelgazar, su organismo, después de una pérdida de peso inicial, podría intentar recuperar el peso que le resulta cómodo, su peso actual. Es mejor aceptar la propia silueta, tomar conciencia de su «normalidad», aunque no sea la silueta de algunas modelos; hay que saber aceptar el propio cuerpo y despedirse de una supuesta «silueta de ensueño». En efecto, este sueño podría volverse una pesadilla, como les ocurre a muchas mujeres jóvenes, modelos o no, que se someten a restricciones permanentes que ocupan todos sus pensamientos y las conducen a menudo a la bulimia o la anorexia. Así pues, sea consciente de su encanto y de su belleza, a las que sin duda también contribuyen sus redondeces.

Cuándo no hay que seguir el régimen de gran velocidad

– Edad inferior a 18 años o superior a 70 años
– Embarazo o lactancia
– Anorexia o bulimia
– Exceso de peso moderado
– Enfermedad grave
– Ciertos problemas cardiacos

Consultar al médico

Siempre es deseable hablar con el médico del proyecto de adelgazamiento, especialmente si desea seguir un régimen rápido. El médico podrá:

- aconsejarle sobre las modalidades del régimen,
- prevenirle si piensa que otro sistema sería más conveniente,
- y, si es necesario, prescribirle uno o varios complementos alimentarios de los que se citan en las páginas siguientes.

Además, le aconsejo que consulte regularmente con su médico de cabecera y, en cualquier caso, al menos en tres circunstancias:

- Al principio de su proyecto de adelgazamiento, para hablar sobre los beneficios para la salud de la pérdida de peso, determinar el peso que debe alcanzar y finalmente ponerse de acuerdo sobre el régimen que seguirá.
- En caso de un cambio importante en la orientación del proyecto o del régimen, en especial cuando se instaure el régimen de «gran velocidad».
- Cuando surja alguna dificultad en el seguimiento del régimen. Probablemente serán necesarias algunas adaptaciones para adecuar mejor los consejos nutricionales a su caso específico. Incluso es posible que haya que buscar otra solución; ningún régimen es universal, y los que le propongo no tienen la pretensión de serlo, aunque se adapten bien a la mayoría de casos.
- Cuando haya alcanzado su objetivo y empiece el periodo de estabilización, hable con su médico de cabecera (o con un médico nutricionista) sobre las consecuencias de la pérdida de peso sobre su estado de salud; aproveche su competencia para perfeccionar su programa de estabilización.

El farmacéutico también puede, en colaboración con el médico, intervenir cuando necesite vitaminas, complementos alimenticios o sustitutos de la comida.

¿Necesita vitaminas y complementos alimentarios?

Aunque sea en grados diversos, todos los alimentos (o casi todos) contienen vitaminas, sales minerales y oligoelementos. Con un régimen de «gran velocidad», le recomiendo evitar temporalmente ciertas familias de alimentos, como los feculentos o el pan. A pesar de la riqueza nutricional de los alimentos que, por otra parte, le aconsejo, es posible que se produzca una disminución de ciertas vitaminas.

Sin embargo, tiene muy poco riesgo de padecer carencias gracias a las reservas del organismo, unas reservas generalmente capaces de enfrentarse a una disminución breve del aporte alimentario. No obstante, puede optimizar su equilibrio y su forma física siguiendo algunos consejos sencillos. Los siguientes se refieren a las vitaminas y a ciertos minerales: potasio, calcio, magnesio y hierro.

Los comprimidos de multivitaminas

Estos comprimidos suelen contener el 100% de las necesidades diarias recomendadas para cada vitamina. Le resultarán útiles, en especial en dos circunstancias:

• si previamente al régimen de «gran velocidad» comía de forma desequilibrada o escasa, si sus comidas no incluían alguna familia de alimentos, por ejemplo, la fruta y las verduras, o la carne, la volatería y el pescado;

• si sigue el régimen de «gran velocidad» durante más de dos semanas.

En estos dos casos, tome cada día un comprimido de multivitaminas, si es posible por la mañana y en su versión sin azúcar. Estos complementos alimentarios se encuentran, según las marcas, en las farmacias, las parafarmacias o las grandes superficies.

El potasio

El potasio es una sal mineral aportada por la alimentación e indispensable para la salud; los músculos y los órganos lo necesitan para funcionar bien.

Como las proteínas, tiene su lugar en la reconstrucción diaria de las células del cuerpo.

Multivitaminas que contienen el 100% de las necesidades diarias recomendadas

Disponibles en farmacias
Alvityl 12 vitaminas; Quotivit; Vivamyne multi; etc.

Disponibles en parafarmacias
Bioessor tonus;* Lecitone adulto;* Naturland efervescente antifatiga vitalizado; Naturland Super Complexe 100 antifatiga vitalizado;* Vie et santé 10 vitaminas 4 oligoelementos; etc.

Disponibles en grandes superficies
Juvamine Fizz 10 vitaminas 4 oligoelementos; Juvamine 1 al día;* Juvamine Femme;* Juvamine Détente;* multivitaminas y minerales efervescentes Vitarmonyl; multivitaminas Vitarmonyl;* etc.

---

* Los productos marcados con un asterisco contienen azúcar y, por lo tanto, deben evitarse en el marco de su régimen inicial.

Las verduras (y las frutas) constituyen la mejor fuente de potasio.

Cuando la alimentación contiene pocos glúcidos, lo cual ocurre en el caso del régimen de «gran velocidad», las necesidades del organismo en potasio aumentan. Si, al seguir este régimen, consume mucha verdura como le aconsejo vivamente (al menos 400 g al día), no tendrá necesidad de tomar potasio en forma de suplementos medicamentosos. En caso contrario, si come poca verdura, deberá tomarlo, pero sólo previa consulta con el médico.

Los demás regímenes propuestos en esta obra son ricos en glúcidos lentos y, por lo tanto, es inútil recurrir a los suplementos.

El magnesio

El magnesio se encuentra sobre todo en las legumbres, los frutos oleaginosos (nueces, avellanas, almendras), así como en las verduras. En el marco del régimen de «gran velocidad», las verduras constituyen su principal fuente de magnesio.

Si consume poca verdura, tome suplementos de magnesio: evitará los calambres y el nerviosismo.

El calcio

Los productos lácteos le permitirán asegurar las necesidades de calcio... ¡si sigue mis recomendaciones y no tiene aversión por estos productos!

Si come menos de tres productos lácteos al día, un suplemento de calcio optimizará la salud de sus huesos, especialmente en otoño e invierno; en efecto, la falta de sol hace que el esqueleto dependa más del calcio a causa de la carencia de vitamina D (esta vitamina, que fortalece el hueso, sólo es sintetizada por la piel en presencia de sol).

El hierro

Si respeta las cantidades mínimas propuestas para la carne y el pescado, el aporte de hierro será ampliamente suficiente para cubrir sus necesidades.

No obstante, si es una mujer, recuerde que alrededor del 20% de las mujeres tienen una carencia de hierro a causa de las pérdidas periódicas que acompañan a las reglas; esta carencia de hierro es fuente de cansancio y anemia.

Si se encuentra cansada incluso antes del régimen, quizá padezca también esta carencia; tomar hierro en forma de complemento medicamentoso durante dos o tres meses debería mejorar su estado; hable de ello con su médico.

Adoptar una actitud flexible y determinante

Nuestra manera de vivir favorece la obesidad, pero coexiste con una fuerte aspiración a la delgadez, aspiración amplificada por las tendencias de la moda y el aspecto filiforme de las modelos. Para resolver esta paradoja, algunas personas consideran su alimentación como un tema de preocupación perpetua, los consejos formulados por este o aquel régimen como dictados, y la menor trasgresión como una falta o un fracaso. No perciben o no escuchan sus propias sensaciones de hambre y saciedad. Los investigadores hablan de «restricción cognitiva crónica», o también de control rígido de la alimentación.

La restricción cognitiva rígida tiene varios inconvenientes:

• Debido a las frustraciones y el hambre que genera, la restricción rígida puede precipitar ciertos trastornos del comportamiento alimentario, como la anorexia o la bulimia; ocurre especialmente cuando la restricción afecta a mujeres jóvenes ya delgadas que quieren adelgazar todavía más.

• Debido a las molestias que genera, la restricción rígida alterna a menudo con periodos de desenfreno y puede dar lugar al síndrome del yo-yo, en el que se pasa hambre y se pierde peso un tiempo y después se vuelve a recuperar todo... y un poco más.

Por eso, algunos médicos o psicólogos rechazan cualquier idea de régimen e incluso los consejos nutricionales, con el pretexto de que hacen más mal que bien al impedir que las regulaciones fisiológicas se realicen de forma natural. Esta actitud es diametralmente opuesta a la de la restricción cognitiva rígida, pero ambas tienen en común unas consecuencias perjudiciales para la salud. En efecto, la forma de vida actual favorece, sin duda, el aumento de peso superfluo, así como la obesidad, puesto que tenemos continuamente a nuestra disposición una cantidad de alimentos a la vez sabrosos y ricos. Además, cada vez nos movemos menos, y el organismo no es capaz de eliminar una sucesión continua de comidas copiosas y/o de tentempiés golosos.

Estas modificaciones en nuestra forma de vida explican el carácter de epidemia del aumento de peso en ciertos países como Estados Unidos (más de la mitad de los adultos estadounidenses tiene un sobrepeso, y un tercio son obesos), Gran Bretaña (el doble de obesos en diez años), e incluso en algunas islas del Pacífico (del 50 al 70% de individuos obesos). Estas observaciones «geográficas» muestran claramente que la capacidad natural de regulación del peso se ve sobrepasada por la forma de vida actual; se llega a las mismas conclusiones cuando se observa, en el laboratorio, a un grupo de ratas sometido a una alimentación moderna (variada, grasa y concentrada en calorías, con mucho azúcar y muy salada); se convierten en obesas con rapidez.

¿Qué hacer entonces? ¿Contenerse y caer en la bulimia, la anorexia o el síndrome del yo-yo? ¿No hacer nada y aumentar inexorablemente de peso? La inteligencia y la eficacia residen en una tercera vía, en la que trabaja el propio padre del concepto de restricción cognitiva, el profesor Albert Stunkard de la Universidad de Filadelfia, en Estados Unidos. Consciente a la vez de los peligros de la restricción cognitiva y de la forma de vida moderna, distingue dos maneras de prestar atención a lo que se come.[1]

• La primera consiste en controlar la alimentación de manera obsesiva, en no pensar más que en eso (o casi) durante todo el día, en considerar ciertos alimentos como totalmente prohibidos, en pesar todos los alimentos, en limitar las raciones incluso en caso de hambre intensa. En este caso, se pierden las referencias «internas», se vive con el temor perpetuo a cometer «faltas», se está expuesto a la aparición de la anorexia, la bulimia o el síndrome del yo-yo. Es la restricción cognitiva rígida y culpabilizante.

• La segunda consiste en tomar conciencia de que es difícil controlar el apetito y regular el peso cuando se repiten ciertos comportamientos (véase tabla pág. 108). A partir de aquí, basta con saber cómo comer de forma sabrosa, sencilla y que calme el apetito al mismo tiempo que se limitan estas «situaciones de riesgo». Las personas que comen de esta manera son más delgadas y sufren menos compulsiones o «bulimias» que las otras.

Este libro le propone seguir la segunda vía; le doy ciertos consejos, pero usted confecciona sus comidas y determina el tamaño de sus platos según el apetito que tenga; le recomiendo algunos alimentos, pero si toma los demás, debe ser con placer y sin sensación de culpa. Esta reflexión que le invito a hacer sobre la manera de comer será, por definición, cognitiva (se basa en los conocimientos científicos y en la razón), pero también es flexible y no culpabiliza; es lo que los investigadores llaman el control flexible. No tiene por qué obedecerlo, él está a su servicio; el conocimiento al servicio de su libre albedrío y no al revés.

---

1. J. Westenhoefer, A. J. Stunkard y V. Pudel, *Int. J. Eat Disord*, 1999, vol. 26, pp. 53-64.

Hacer una pausa cuando se necesite

Contrariamente a lo que se cree, no está obligado a adelgazar de forma regular. Puede muy bien perder unos kilos, después estabilizar el peso en un nivel intermedio durante unas semanas o unos meses para continuar adelgazando más adelante. Cada uno sigue su vía, cada uno toma su camino...

Estas estabilizaciones a medio recorrido son especialmente útiles cuando:

- *necesita «respirar» un poco,* comer algo diferente a lo que le propone el régimen;
- *le cuesta habituarse al nuevo cuerpo más delgado;* en este caso, aprender a percibir el cuerpo a medio recorrido antes de adelgazar le permitirá evitar una diferencia demasiado importante entre su nueva silueta y la imagen de usted mismo «que tenía en la cabeza», la que recordaba;
- *tiene muchas preocupaciones profesionales y/o personales* y, por ello, necesita puntualmente sentirse reconfortado a través de la alimentación.

En estas circunstancias, el objetivo no será adelgazar sino estabilizarse, hasta que su situación y su entorno sean adecuados y le permitan continuar en mejores condiciones una nueva etapa de adelgazamiento. Los consejos propuestos en las págs. 101 a 114 le resultarán útiles para conseguir este objetivo.

Ser consciente de las expectativas personales

Ha decidido adelgazar deprisa. Según los casos, su decisión ha sido motivada por un problema de salud o por una razón más personal. Ser muy consciente de lo que espera sacar de una pérdida de peso rápida es importante para no tomarse esta decisión a la ligera y para mantener su motivación durante todo el régimen.

Tengo que perder muchos kilos

Si se tienen muchos kilos que perder (más de 15 o 20 kilos), puede parecer desalentador avanzar a pequeños pasos. La solución consiste entonces en entrecortar el régimen previsto para un plazo largo, moderadamente rápido, con fases de aceleración más eficaces. De esta forma, las personas que se habrían desanimado con un ritmo lento y monótono se sentirán más motivadas.

Tengo imperativos personales

El mundo en el que vivimos preconiza la tolerancia, pero raramente la practica con las personas obesas, que a menudo son víctimas de la exclusión. Se las cataloga como individuos sin voluntad, poco activos, que se dejan llevar por la gula; es como si su

Peso ideal,[1] sobrepeso y obesidad en función de la estatura

Para una estatura de:	1,50 m	1,55 m	1,60 m	1,65 m	1,70 m	1,75 m	1,80 m	1,85 m
El peso ideal se sitúa entre:	42 y 56 kg	44 y 60 kg	47 y 64 kg	50 y 68 kg	53 y 72 kg	57 y 77 kg	60 y 81 kg	63 y 86 kg
El sobrepeso se inicia en un peso de:	56 kg	60 kg	64 kg	68 kg	72 kg	77 kg	81 kg	86 kg
La obesidad se inicia en un peso de:	67,5 kg	72 kg	77 kg	82 kg	87 kg	92 kg	97 kg	103 kg
La obesidad grave se inicia en un peso de:	79 kg	84 kg	90 kg	95 kg	101 kg	107 kg	113 kg	120 kg
La obesidad muy grave se inicia en un peso de:	90 kg	96 kg	102 kg	109 kg	116 kg	123 kg	130 kg	137 kg

1. En el sentido médico estricto del término, el peso ideal es el peso que asegura la mejor salud y la esperanza de vida más prolongada.

¿Necesita estar delgado?

Aunque su corpulencia altere su salud, no por ello tiene necesidad de estar delgado para protegerse; la pérdida del 10% del peso actual (por ejemplo, 10-12 kilos si pesa 110 kg) bastará para aliviar a su organismo y reducir el riesgo de complicaciones; no sea demasiado ambicioso.

---

grasa bastara para definirlos y disimulara su verdadera personalidad a los ojos de los demás. Este hecho social, que llega a conducir a algunos al paro o a la soledad, explica la voluntad de muchos de adelgazar deprisa; de esta manera, esperan mejorar su vida social, afectiva y profesional.

A veces, las circunstancias que conducen a querer adelgazar deprisa son más bien anecdóticas, aunque importantes para nosotros. Por ejemplo, una entrevista de trabajo, si en la profesión elegida interviene la corpulencia, o una visita médica previa a la firma de un contrato de seguro de vida. Para otros, se trata de sucesos más alegres, como una boda o unas vacaciones.

¿Necesita motivaciones fuertes para despegar?

Usted forma parte de las personas que, a pesar de tener sólo 5 o 6 kilos que perder, desean ver rápidamente los resultados en la balanza durante las primeras semanas de régimen, aunque tenga que disminuir un poco el ritmo los meses siguientes.

En este caso, adelgazar deprisa es una solución, pero, como sabe, esto sólo tiene interés si lo prolonga mediante un esfuerzo más controlado y más continuo.

Mi régimen se desinfla (y yo con él)

Quizás ha decidido hacer un régimen con el acuerdo de su médico o a partir de un método propuesto por una revista o un libro. Ha empezado a adelgazar, más o menos rápidamente según los casos, pero al cabo de unas semanas su peso ya no se mueve. ¿Cansancio, menor aplicación a seguir los consejos iniciales o pérdida de eficacia de este régimen? En cualquier caso, impulsar la pérdida de peso y la motivación mediante una fase corta pero rápida a menudo resulta útil.

Las buenas razones para querer adelgazar deprisa

- Número elevado de kilos que perder
- Imperativos personales (vida privada o profesional)
- Necesidad de motivación para «arrancar»
- Fracaso relativo de un primer régimen
- Diabetes relacionada con el exceso de peso
- Problema médico que requiere una pérdida de peso rápida

Si padece una diabetes no insulinodependiente

Como consecuencia de la sobrealimentación y el exceso de grasa corporal, el páncreas (glándula situada en el abdomen, cerca del hígado) fabrica en exceso una hormona, la insulina.

El papel de la insulina es facilitar la entrada de glucosa (unidad básica de los glúcidos o azúcares) a las células de los órganos y los músculos, donde será utilizada como un carburante lleno de energía. Paradójicamente, a pesar de este nivel elevado de insulina, la glucosa de las personas obesas a menudo es incapaz de penetrar en los músculos y los órganos; las células son resistentes a la acción de la insulina, y la glucosa se queda en la sangre, un fenómeno que los médicos llaman resistencia a la insulina.

El círculo vicioso creado por el aumento de la secreción de insulina conduce, por una parte, a la diabetes no insulinodependiente y, por otra parte, a un aumento de peso suplementario, puesto que el exceso de insulina favorece el desarrollo de la grasa en el organismo y hace aleatorio cualquier intento de adelgazar.

Para romper este círculo vicioso, adelgazar deprisa gracias a un régimen que reduce considerablemente la producción de insulina por el páncreas a menudo resulta una etapa útil, pero solamente con el acuerdo del médico.

Mi salud necesita una pérdida de peso rápida

Diversos problemas de salud pueden conducirle a querer perder rápidamente peso, a fin de experimentar una mejoría rápida y evitar la acentuación de un problema preexistente.

Pero atención, perder peso por razones de salud sólo debe realizarse con el acuerdo, y si es posible el seguimiento, del médico. Pídale consejo antes de lanzarse a la aventura.

Mi corazón está cansado

En caso de exceso de peso, el cuerpo tiene mayor volumen y, por lo tanto, necesita ser irrigado por más sangre. Esto representa un trabajo suplementario para el corazón, porque debe impulsar más sangre cada segundo.

Este exceso de trabajo implica, como ocurriría con cualquier otro músculo, un aumento de volumen del músculo cardiaco. El aumento de tamaño del corazón es indispensable para que el oxígeno se distribuya bien por todo el cuerpo, pero el «corazón grande» favorece la aparición de diversos problemas, como los trastornos del ritmo (palpitaciones, etc.) o la insuficiencia coronaria (angina de pecho). Por otra parte, el corazón puede dejar progresivamente de ser capaz de responder a las demandas del organismo, sobre todo si su trabajo se ve alterado por la presencia concomitante de una hipertensión arterial.

Generalmente, la pérdida de peso mejora mucho la situación; a veces, debe ser rápida, cuando existe un desequilibrio importante entre el trabajo que debería hacer el corazón y su limitada capacidad. Pero sólo su médico puede determinar la oportunidad de iniciarlo.

Me cuesta respirar

En caso de exceso de peso, la acumulación de grasa en el vientre, y especialmente bajo el diafragma, dificulta la expansión de la caja torácica y de los pulmones. Esto conduce a una mala oxigenación de la sangre a través de la respiración, en una situación en que las necesidades del organismo están aumentadas, como acabamos de ver.

Este fenómeno conduce con frecuencia a padecer ahogo, sobre todo cuando se realiza un esfuerzo, por ejemplo al subir las escaleras. Cuando el desequilibrio pulmonar se acentúa, se producen ronquidos importantes por la noche e incluso paradas respiratorias (apneas), que son peligrosas y requieren un tratamiento médico rápido, así como también una pérdida de peso rápida, si es posible. En algunos casos, esta mala oxigenación puede incluso conducir a lo que los médicos llaman el «síndrome de Pickwick», del nombre de un personaje de Charles Dickens: el enfermo se duerme en pleno día, durante unos segundos, sin darse cuenta, sobre todo en los periodos de inactividad relativa (transporte público, televisión, etc.). Pero a veces este adormecimiento se produce en plena acción (conducción de un automóvil o actividad sexual, por ejemplo).

Padezco artrosis

El exceso de peso aumenta el trabajo de las articulaciones, ya que éstas tienen que soportar más kilos; este aumento de trabajo favorece la artrosis. En las rodillas, la artrosis es tres veces más frecuente en las personas obesas, especialmente en las mujeres. Lo mismo ocurre, pero en menor grado, en caso de artrosis de cadera. En la columna vertebral, los kilos de más no provocan ni artrosis ni ciática, pero acentúan los efectos negativos de una deformación preexistente, como una cifosis o una escoliosis, y se recomienda perder peso cuando se padece de la espalda. La afectación de las articulaciones es tanto más perjudicial cuanto que reduce las ganas de moverse y, por lo tanto, conduce a perpetuar el sobrepeso.

Si sus articulaciones son dolorosas y le impiden moverse como le gustaría, sería bueno que perdiera peso, puesto que adelgazar reduce los dolores articulares en el 75% de los casos, ralentiza la evolución de la artrosis y mejora el pronóstico posquirúrgico si es necesaria una intervención quirúrgica, tanto en la rodilla como en la cadera. En estos casos, los reumatólogos aconsejan adelgazar, y si es posible deprisa.

Quiero quedarme embarazada pero no lo consigo

Las mujeres obesas a menudo tienen ciclos menstruales alterados, irregulares, e incluso sufren una detención total de las reglas. Estas alteraciones se acompañan generalmente de una rarefacción de las ovulaciones y una disminución de la fertilidad, que puede llegar a la esterilidad completa, resistente a cualquier forma de procreación médicamente asistida.

Al mejorar la secreción hormonal, la pérdida de peso conduce habitualmente a un retorno a la normalidad; no es raro que mujeres obesas queden embarazadas un mes o dos después de haber perdido peso. Esta pérdida de peso a veces debe ser rápida, pues, al avanzar la edad, es deseable procrear lo antes posible para tener todas las posibilidades de su lado.

Me tienen que operar próximamente

El exceso de peso hace más delicado todo acto quirúrgico, por una parte, porque el exceso de grasa aumenta la dificultad de acceder al órgano que deben manipular los cirujanos y, por otra parte, porque multiplica el riesgo relacionado con la anestesia.

Además, el exceso de peso a veces pone en tela de juicio el éxito de la intervención; por ejemplo, en caso de una intervención de cadera o de rodilla. En efecto, la mejoría experimentada después de la operación rápidamente desaparecerá debido a los kilos de más.

Otro ejemplo es una intervención en el abdomen, en especial por una eventración; la distensión debida al exceso de grasa hace problemático el buen cierre de la pared abdominal después de la sutura.

Tengo que someterme a ciertos exámenes médicos

El exceso de peso importante reduce a veces de forma considerable la legibilidad de ciertos exámenes médicos, como las radiografías de las arterias coronarias (o coronariografía) propuestas a los individuos que padecen una angina de pecho o que han tenido un infarto de miocardio.

Por otra parte, impiden la realización de ciertas radiografías, en especial del escáner.

En este caso, un adelgazamiento rápido bajo control médico puede ser necesario, especialmente cuando debe tomarse una decisión terapéutica rápida en función del resultado de este examen.

Adquirir confianza

¿Qué interés y qué riesgo tiene adelgazar deprisa? Como ocurre a menudo en nutrición, esta pregunta conduce a respuestas extremas por parte de los especialistas; algunos sólo ven ventajas, y otros sólo inconvenientes. Intentemos comprender mejor una realidad más compleja.

¿Es peligroso adelgazar deprisa?

Si se respetan ciertas reglas de prudencia, adelgazar deprisa no es peligroso; pero cuando no se respetan, los efectos perjudiciales pueden presentarse en pocas semanas, e incluso en algunos días. El corazón es el primer órgano afectado por un régimen rápido mal realizado, con riesgo de aparición de irregularidades del ritmo cardiaco, e incluso de un paro cardiaco mortal. Tranquilícese, actualmente se sabe a qué se deben estos accidentes mortales y se dispone de los medios para evitarlos.

Existen tres causas, una de las cuales se refiere al estado cardiaco previo, y las otras dos a la forma de utilización de estos regímenes:

• *La presencia previa de una anomalía cardiaca* (trastornos del ritmo, requieran o no un marcapaso, angina de pecho, etc.). El corazón es entonces especialmente sensible a cualquier cambio brusco de los hábitos de vida o la alimentación. En este caso, la luz verde y el control del médico o del cardiólogo son absolutamente indispensables cuando es necesario un régimen rápido por razones de salud.

• *Los desequilibrios de ciertos regímenes rápidos.* Es especialmente el caso de los regímenes que contienen pocas proteínas o proteínas de mala calidad. Esto muestra la importancia, cuando se quiere adelgazar deprisa, de respetar un aporte diario de alimentos ricos en proteínas de buena calidad como las contenidas en la carne, la volatería, el pescado, los huevos o los productos lácteos.

• *La duración exagerada de ciertos regímenes rápidos.* El organismo y el corazón soportan bien un régimen rápido de hasta ocho semanas. Más allá, el organismo corre el riesgo de fatigarse, y los órganos «nobles», especialmente el corazón, se resienten.

Como consecuencia de estos conceptos, podemos enunciar *cuatro reglas de precaución* cuando se desea adelgazar deprisa:

— respetar las contraindicaciones (véanse las págs. 151 a 154),
— pedir consejo al médico antes de empezar,
— comer suficientes alimentos ricos en proteínas de buena calidad,
— no prolongar un régimen rápido, salvo prescripción médica, durante más de dos meses.

¿Adelgazar favorece la anorexia o la bulimia?

La bulimia y la anorexia aparecen generalmente en chicas jóvenes debilitadas por ciertas características psicológicas, o por ciertos traumas de la infancia o la adolescencia. En este terreno, el factor desencadenante de la enfermedad coincide a menudo con un deseo irracional de perder peso, y después con el inicio de un régimen. Ocurre especialmente cuando el régimen en cuestión se vive como frustrante, cuando conduce a la joven a culpabilizarse por la menor trasgresión, cuando le prohíbe seguir sus propias sensaciones para elegir los alimentos y sus cantidades imponiéndole de forma rígida raciones preestablecidas.

Para evitar este resultado perjudicial, le desaconsejo formalmente seguir un régimen rápido como el régimen de «gran velocidad» si sólo tiene unos kilos que perder, si tiene menos de 18 años, o si mantiene relaciones un poco «difíciles» con la comida. Además, le animo intensamente a hablar con su médico de este tema antes de elegir adelgazar o no, y antes de elegir adelgazar deprisa o más lentamente.

Y para que su peso y su régimen, sea el que sea, no se conviertan en una obsesión, sepa relativizar las cosas:

• No considere que existen alimentos buenos por un lado y alimentos malos por otro; no vea este o aquel régimen como la regla absoluta sino como un simple medio a su disposición para perder kilos rápidamente, un medio que habrá que abandonar después para pasar a una alimentación más diversificada.

• Permanezca a la escucha de su cuerpo determinando en cada comida las cantidades de las familias de alimentos aconsejadas en función de su sensación de hambre y de saciedad.

• Finalmente, no se culpabilice cuando se aparte de las «reglas»; las reglas están hechas para usted y no al revés, y estos «extras» demuestran simplemente que necesita un poco de fantasía...

Los regímenes que le propongo se inscriben en esta «filosofía» práctica, a la vez flexible y atenta de la nutrición.

¿Adelgazar deprisa deprime?

El equipo de psicólogos de la Universidad de Filadelfia, en Estados Unidos, ha realizado un estudio, dirigido por el doctor Wadden, sobre los efectos de diversos regímenes sobre el ánimo. Este último no se altera, sino al contrario, mejora paralelamente con la pérdida de peso y, por lo tanto, más con los regímenes rápidos que con los lentos. Sin embargo, estos resultados tranquilizadores deben sopesarse teniendo en cuenta los siguientes aspectos:

• Este estudio se ha realizado con sujetos con sobrepeso u obesos; si éste no es su caso y quiere perder peso rápidamente, es posible que su organismo lo soporte mal y, paralelamente, su ánimo flaquee. ¿Tiene realmente necesidad de perder peso y, en caso afirmativo, por qué no hacerlo suavemente pero de forma más cómoda?

• Los regímenes rápidos a menudo tienen como base las proteínas y son pobres en glúcidos. Esta pobreza en glúcidos provoca la disminución en el cerebro de una sustancia llamada serotonina, y esta disminución puede ser mal tolerada por las personas con tendencia depresiva, en las que acentúa esta tendencia. Si es usted una persona depresiva, o ha estado deprimido últimamente, no es el momento de lanzarse a un régimen drástico.

Para estar en buena forma psicológica, le aconsejo que consuma, incluso durante el régimen de «gran velocidad», cierta cantidad de glúcidos a través de buenas raciones de verduras, y tome, si lo necesita, una fruta en cada comida. Y si, durante esta etapa, le apetecen alimentos con azúcar, esto sin duda significa que su organismo, y sobre todo su cerebro, necesitan mayor cantidad de glúcidos; pase entonces al régimen de «plena forma», más lento, pero que tiene el interés de incluir el pan y los alimentos feculentos.

¿Adelgazar deprisa cansa?

En general, se puede adelgazar deprisa llevando una vida normal, viviendo en casa y yendo a trabajar. Una hospitalización o una estancia en un centro dietético raramente son necesarias.

Su forma física se verá poco afectada por la rapidez de la pérdida de peso. Es cierto que, con la opción de «gran velocidad», sus músculos serán un poco menos eficaces en lo referente a los esfuerzos de fuerza (cargas pesadas, ejercicios de musculación, etc.). En cambio, los esfuerzos de resistencia (carrera, natación, ciclismo suave) suelen ser bien tolerados, e incluso mejor; las reservas de glúcidos del músculo disminuyen, pero éste utiliza más deprisa y con mayor facilidad las grasas procedentes de la fusión del tejido adiposo.

En cualquier caso, si desea continuar haciendo deporte, haga caso a su cuerpo y sepa, en caso de fatiga, interrumpir el esfuerzo.

¿Es cierto que cuanto más rápido se adelgaza, más rápido se recupera el peso?

Los resultados de los primeros estudios sobre esta cuestión no eran demasiado esperanzadores; un año después, la recuperación se elevaba a alrededor de un tercio del peso inicialmente perdido. Comparado con métodos más suaves y más lentos como la psicoterapia conductista, la pérdida de peso inicial era, por supuesto, más rápida con los regímenes rápidos, pero al cabo de unos años el resultado sobre el peso era casi equivalente. Entonces, ¿para qué tantos esfuerzos?

Los estudios efectuados unos años más tarde se mostraron más tranquilizadores, pero el programa propuesto era muy diferente; la fase rápida inicial se seguía de consejos a largo plazo referentes a los hábitos alimentarios y la forma de vida. En este caso, se observó que la pérdida de peso a largo plazo era paralela a la pérdida de peso inicial, es decir, que cuantos más kilos se perdían al principio de un proyecto de adelgazamiento, menos se pesaba unos años más tarde. Además, dos investigadores, Pekkarinen y Mustajoki, compararon dos formas de adelgazar; la primera se limitaba a la psicoterapia conductista y condujo a una pérdida de peso de una media de 9 kg al cabo de un año, pero de solamente 5 kg al cabo de cinco años; por lo tanto, las personas habían recuperado 5 kg entre las dos pesadas. Cuando, en la fase inicial del adelgazamiento, se asociaba un régimen rápido a la psicoterapia conductista, la pérdida de peso se elevaba a 23 kg al cabo de un año, y a 17 kg al cabo de cinco años; las personas habían recuperado peso, pero de forma parcial, y, como habían perdido mucho más peso al inicio, pesaban menos que al empezar... Estas conclusiones han sido confirmadas por trabajos del equipo danés del profesor Astrup y sobre todo por James Anderson[1] que, en Estados Unidos, analizó los estudios referentes a la evolución del peso cuatro o cinco años después de la pérdida de peso inicial: cuando se está demasiado obeso y se pasa por una etapa rápida y equilibrada para perder kilos, se mantiene mejor el nuevo peso que recurriendo sólo a regímenes lentos.

Así pues, para las personas que padecen un sobrepeso importante (los resultados de los estudios citados anteriormente se refieren a estas personas), prever fases rápidas en un proyecto de adelgazamiento puede mostrarse eficaz tanto a corto plazo como a largo plazo. Si elige esta solución y el régimen de «gran velocidad» de este libro, también es necesario que viva su régimen en forma y sin frustraciones... En caso contrario, será más inteligente tomarse un poco más de tiempo.

---

1. James Anderson y cols., *American Journal of Clinical Nutrition*, nov. 2001, vol. 74, pp. 579-584.

No abusar de los sustitutos
de la comida

Los sustitutos de la comida se supone que reemplazan una o varias comidas al día.

• Deben ser a la vez pobres en calorías, para hacer adelgazar, y cubrir las necesidades nutricionales, para no ser peligrosos.

• En general, se presentan bajo la forma de una bebida preparada o de un polvo para diluir en agua o leche descremada, e incluso en forma de galleta o barra chocolateada. A menudo son dulces (sabor a vainilla, chocolate, café, fruta), pero a veces son salados (sopas).

Manera adecuada de utilizar los sustitutos de la comida
Si se contenta con reemplazar algunas comidas por sustitutos de la comida pero sin controlar en lo demás su alimentación, no debe esperar milagros; comerá más en la comida siguiente y su peso no cambiará.

En cambio, los sustitutos de la comida pueden serle útiles si no tiene ni tiempo ni ganas de prepararse la comida; en este caso, es mejor que consuma un sustituto en lugar de saltarse una comida. Puede ser el caso a lo largo del régimen de «gran velocidad» o de la comida ligera del régimen de «plena forma», pero recuerde que también dispone de otros métodos más naturales para «hacerlo rápido y bien» (véanse págs. 57 y 58).

Por qué los sustitutos de la comida no deben reemplazar a más de una comida al día

Puede consumir un sustituto a modo de desayuno, de comida principal o de tentempié. Pero, aunque le tiente, limite su utilización a la sustitución de una sola comida al día. Si lo tomara con mayor frecuencia, correría el riesgo de no hacer el esfuerzo de mejorar sus comidas «clásicas»; al suspender los sustitutos, se encontraría desamparado y probablemente recuperaría el peso; el éxito a largo plazo del adelgazamiento se debe ante todo a la mejora duradera de una alimentación más «clásica».

¿Qué sustitutos hay que elegir?

Los sustitutos de la comida se encuentran en la farmacia, la parafarmacia o las grandes superficies. ¿Cómo elegir el adecuado?

No me propongo hacer publicidad de una u otra marca recomendándole una en lugar de otra, tanto más cuanto que la dis-

Prefiera los sustitutos de la comida «bebibles» a los sustitutos «comestibles»

Evite los sustitutos que se presentan en forma de «mini-lunch», barras, galletas o «sándwiches» ricos en proteínas; son demasiado ricos en azúcar y sobre todo demasiado grasos.

Prefiera los sustitutos que se presentan en forma de crema o, con mayor frecuencia, en forma de una bebida preparada o un polvo para diluir en agua o leche.

ponibilidad de nuevos productos alcanza un ritmo tal que una lista de sustitutos «recomendados» sería rápidamente superada. Prefiero informarle de los criterios que le permitirán elegir el sustituto que le conviene después de leer su composición nutricional, que por ley debe aparecer en el envoltorio.

Las proteínas

Observe en primer lugar el aporte de proteínas. Le recomiendo que tome al menos 15 g de proteínas por la mañana, y 20 g[1] en el almuerzo o la cena. Para ello, puede:

• elegir un sustituto que le proporcione al menos estos aportes (sabiendo que si diluye el sustituto en leche descremada, está recibiendo además 8 g de proteínas y 90 calorías por cada 250 ml);

• tomar dos sustitutos de la comida; por ejemplo, en el almuerzo, dos sustitutos con 15 g de proteínas, uno salado y otro dulce (para no cansarse);

• completar un sustituto con un yogur o 100 g de requesón (que le aportan respectivamente 5 y 8 g de proteínas).

Las demás calorías

El resto de las calorías aportadas por estos sustitutos corresponden esencialmente a los glúcidos, en dosis variables. En el marco del régimen de «gran velocidad», le interesa elegir, a igualdad de riqueza en proteínas, los sustitutos más pobres en calorías y en glúcidos.

---

1. No es peligroso tomar sólo 20 g de proteínas en un almuerzo o una cena si, por otra parte, se toma un tentempié rico en proteínas (producto lácteo, jamón cocido, huevo, etc.), o si la otra comida es copiosa (en especial si incluye alimentos feculentos).

Las vitaminas y la fibra

La mayoría de sustitutos de la comida contienen vitaminas en dosis adecuadas. Por lo tanto, no tiene que preocuparse por ello si, como le recomiendo, no toma más de una comida al día en forma de sustitutos.

La presencia de fibra en los sustitutos de la comida permite encontrarse saciado durante más tiempo y no tener apetito las horas siguientes; algunos sustitutos le aportan este «plus»; lea bien las etiquetas.

Cómo consumir el sustituto de la comida

La elección de los sustitutos dependerá también de si le gusta su sabor. Todos pecan por poco «sólidos», excepto las barras, que es mejor evitar por las razones mencionadas anteriormente. No requieren ningún esfuerzo de masticación, lo cual altera el placer de comer y la sensación de saciedad. Además, le recomiendo intensamente que consuma antes un poco de verdura, cocida o cruda, a su gusto (véase en la pág. 45 la lista de verduras), o una fruta si toma el sustituto a modo de desayuno.

¿Por qué es mejor utilizar verdaderos alimentos que sobres de proteínas?

Para perder kilos, existen dos soluciones: o bien el régimen de «gran velocidad» propuesto en este libro, o bien los regímenes de proteínas mediante sobres. Thomas A. Wadden, psiquiatra e investigador en nutrición de la Universidad de Filadelfia (Estados Unidos), ha comparado las dos maneras.[1]

• Sobre el peso, los resultados son similares.
• Sobre la salud, el riesgo de complicaciones es menor cuando se toman alimentos verdaderos, por lo tanto, se requiere un control médico más «ligero».
• El paso a una alimentación más copiosa no provoca compulsiones alimentarias o «bulimias» como consecuencia de las frustraciones del régimen inicial cuando éste permite una o varias comidas «verdaderas» al día. En cambio, el riesgo aumenta con los regímenes en que todas las comidas son a base de sobres de proteínas.
• La presencia de verdaderas comidas disminuye la sensación de ansiedad y facilita la estabilización del peso después del adelgazamiento.

1. En *Eating Disorders and Obesity*, Guilford, Nueva York, 1995.

Hacer la compra sin estrés

Saber comer para permanecer delgado y con buena salud es disponer de los alimentos necesarios y, por lo tanto, hacer correctamente la compra.

Empiece por elaborar de antemano una lista de la compra, pensando en las diferentes comidas de la semana, para, por una parte, no encontrarse sin los alimentos indispensables, como fruta y verdura, carne y pescado, y, por otra parte, no pasar demasiado tiempo en la sección de alimentos «de riesgo», como las galletas saladas o las sodas.

No olvide los alimentos de «socorro»; compre productos frescos, pero también alimentos en conserva o congelados, a fin de no depender de la verdura, la carne o el pescado.

Haga la compra en las horas que siguen a una comida y no en ayunas; así reducirá el riesgo de «llenar antes el ojo que la tripa» y comprará menos alimentos muy calóricos. También hará la compra de una manera a la vez eficaz y relajada.

Evite comprar en el supermercado con sus hijos, sobre todo si son pequeños; será más tranquilo y sin la obligación de comprar los productos que los vuelven locos (pastas, chocolate, helados).

Etapa 1: la compra adecuada

La verdura (y la fruta)

Es indispensable. Prevea, para su consumo, al menos 200 g de verduras por comida. Puede elegir entre las menos ricas en fructosa (véase tabla pág. 45).

Las verduras frescas

Se guardan en la cubeta para verduras de la nevera para prolongar su duración de conservación y proteger su contenido en vitaminas.

La más frágil, que debe consumirse en los cuatro o cinco días que siguen a su compra, es la verdura de hoja, como la lechuga, las espinacas y las coles (coliflor, brécoles, etc.).

Las más resistentes, que pueden aguantar diez días, son las verduras cuya piel ofrece una gran protección (pepinos, tomates, calabacines, berenjenas, pimientos, etc.) y las raíces (zanahorias, nabos, remolacha, rábanos, etc.).

La verdura en conserva o congelada

Sirve como reserva para los días en que no disponga de verdura fresca o no tenga tiempo de prepararla.

Es tan eficaz como la verdura fresca para conservar la línea y para la salud, aunque resulta algo menos sabrosa.

Es mejor comprar verduras «al natural» y evitar los preparados precocinados o los que tienen materia grasa añadida; compruebe en la etiqueta la lista de los ingredientes y la ausencia de lípidos.

La fruta

Elija de preferencia frutas frescas, entre las que se proponen en la pág. 30.

Si tiene tiempo, en el mercado es donde se suele encontrar la mejor fruta.

Consuma primero la fruta frágil que madura deprisa: fresas, frambuesas, cerezas, plátanos, melocotones, nectarinas, etc. La otra fruta es más resistente: manzanas, naranjas, kiwis, pomelos, peras, ruibarbo, uva, mandarinas, etc. Serán útiles para enlazar con la compra siguiente.

Si le es posible, intente comprar fruta dos veces a la semana; de esta forma, podrá aprovechar plenamente sus sabores y sus valores nutricionales. Ponga una parte de la fruta en la nevera (excepto los plátanos y los mangos, que soportan mal el frío), para prolongar su conservación, pero deje siempre algunas frutas a temperatura ambiente, pues tendrán más sabor que si las come demasiado frías.

Carne, volatería y pescado: los alimentos ricos en proteínas

Necesitará al menos 300 g al día para los alimentos de esta familia (véase pág. 40).

Coma pescado al menos dos veces a la semana; es especialmente beneficioso tanto para la salud como para la línea. Es recomendable cualquier tipo de pescado, excepto los preparados precocinados con materia grasa.

Alterne volatería (pollo, pavo), carne roja (buey) y carne blanca (ternera, cerdo), y elija la carne menos grasa (véase tabla pág. 41).

Dos huevos equivalen a 100 g de carne o pescado.

Compre carne y pescado no envasados para los tres primeros días que seguirán a la compra; empiece por consumir el pescado, que es más frágil, y después la carne. Después, prevea productos «en bandeja» conservados en una atmósfera controlada; mire bien las fechas de caducidad, que varían de un producto a otro, para no encontrarse sin nada antes del fin de semana. Como solución, tenga siempre conservas (por ejemplo, atún en lata, cangrejo o salmón en lata), así como carne y pescado congelados.

Aceite virgen o aceite refinado: ¿cuál elegir?

Refinar un aceite es someterlo a una serie de procesos tecnológicos con objeto de extraer del «aceite bruto» ciertos componentes considerados indeseables por razones de toxicidad (pesticidas, micotoxinas, metales pesados), de sabor o de aspecto (pigmentos, ceras, fosfolípidos).

El proceso de refinado, a menudo indispensable, tiene sin embargo ciertos inconvenientes:

– alteración de los antioxidantes naturales del aceite, como la vitamina E o los polifenoles, cuyas tasas caen respectivamente alrededor de un 20 y un 70%;
– degradación de los ácidos grasos más frágiles, cuando el refinado tiene lugar a una temperatura demasiado elevada, con formación de nuevos elementos menos favorables para la salud;
– empobrecimiento del sabor natural del aceite.

El aceite virgen se beneficia de métodos de extracción más suaves, pero también más costosos. Por lo tanto, generalmente es más rico en vitaminas, antioxidantes y sabor.

Entonces, ¿es mejor consumir aceite virgen (no refinado) o aceite refinado? Si es usted perfeccionista, sin duda elegirá el aceite virgen. Pero si quiere simplificar las cosas y no encarecer su compra, puede utilizar también aceite refinado; para la salud, la diferencia es mínima. Cada uno puede elegir en función de sus gustos y su tradición culinaria.

La materia grasa

Recuerde las equivalencias (véase pág. 47) para adquirir la cantidad justa.

Debe usarse con mucha moderación. Por ejemplo, si utiliza aceite, una botella de un litro asegurará su propio consumo para una comida al día durante tres meses, o para dos comidas durante un mes y medio.

La materia grasa más beneficiosa para la salud son el aceite de soja y el aceite de oliva (el aceite de nuez tampoco está mal).[1]

Margarina y mantequilla ligeras

Si no tiene problemas de colesterol, no le interesa sustituir la mantequilla por margarina; puede continuar consumiendo un poco de mantequilla, sobre todo con las tostadas, siempre que la mayoría de la materia grasa que consuma proceda del aceite de soja o de oliva.

Si los análisis de sangre muestran un exceso de colesterol, sustituya la mantequilla de las tostadas por margarina, que le ayudará a disminuirlo.

Para cocinar y para aderezar los platos de verduras, de alimentos feculentos o de carne, es preferible para la salud utilizar aceite en lugar de margarina; prepare un filete con aceite de oliva o de soja con mayor frecuencia que con margarina o mantequilla.

Las formas ligeras de mantequilla o margarina le permiten utilizar un poco más (véanse las equivalencias en la pág. 47), pero a veces resultan menos sabrosas.

---

1. Recuerde que hay un aceite de colza que puede usarse para cocinar sin ningún peligro para la salud. Aunque en España no se comercializa, por el triste y grave escándalo de los años sesenta en que se comercializó para uso doméstico un aceite de colza para uso industrial, cuando vaya a Francia no le extrañe encontrar este aceite en las tiendas, y no tema utilizarlo, si le apetece, tanto para las ensaladas como para freír. *(N. del E.)*

Los productos lácteos

Utilice los menos ricos en grasa (véase tabla pág. 27).

Evite (o modere su consumo) los productos lácteos más grasos (véase tabla pág. 29), así como las natillas de postre (natillas con huevo, chocolate o vainilla; *mousse* de chocolate; arroz o sémola con leche, etc.); incluso los ligeros son dos o tres veces más ricos en calorías que el yogur natural o el yogur de fruta con un 0% de MG.

Las bebidas

En primer lugar, el agua, del grifo o embotellada.

Para las demás bebidas, consulte la tabla de la págs. 71-72.

Etapa 2: la compra adecuada

Durante la etapa 2, consuma los mismos alimentos que los previstos en la etapa 1 y añada, además, pan, alimentos feculentos y un repertorio más amplio de verdura.

Las verduras

Puede elegir las mismas que en la etapa 1, y además:

- – zanahorias,
- – remolacha, salsifí, aguaturma,
- – calabaza,
- – acedera,
- – coles de Bruselas,
- – tirabeques, guisantes tiernos,
- – alcachofas, palmitos.

El pan

Compre el pan en la panadería y elija un pan denso, firme y compacto; este tipo de pan requiere una masticación lenta y es una fuente de glúcidos lentos. Se trata especialmente de:

– el pan de cereales, de centeno, integral,
– las barras a la antigua, el pan con levadura.

Un consejo práctico para los que sólo hacen la compra una vez o dos a la semana: este tipo de pan suele congelarse muy

Pan integral y pan con cereales. ¿Hay que elegirlos «bio»?

Este tipo de pan se fabrica a partir de granos de trigo completos y, por lo tanto, contienen salvado. El salvado es la envoltura del grano y está directamente en contacto con pesticidas y abonos. ¿Hay que desconfiar?

En realidad, excepto en caso de accidente o fraude, la cantidad de estos productos químicos contenidos en los alimentos no presenta ningún riesgo sanitario. Por lo tanto, podemos comprar sin peligro el pan integral en nuestra panadería habitual.

El caso del pan con salvado es especial. Corresponde al pan integral al que se añade salvado. La única ventaja que tiene es que acelera el tránsito intestinal; por lo tanto, sólo se recomienda en caso de estreñimiento pertinaz. Teniendo en cuenta su riqueza en salvado (20 a 30% del peso total del pan), es el único para el cual las variedades procedentes de la agricultura biológica tienen un interés real, pero a veces resultan menos sabrosas.

bien. Debe sacarse del congelador varias horas antes de consumirlo.

Evite los biscotes, el pan crujiente (pan sueco) y el pan de molde: contienen sobre todo azúcares rápidos, menos favorables para conservar la línea.

Aparte de algunos tipos de pan de centeno negro de origen nórdico, como el Pumpernickel, el Vollkornbrot o el Schwartzbrot, los panes industriales (pan de molde blanco o pan de molde integral, pan en rebanadas con salvado, etc.) generalmente están enriquecidos con azúcar y materia grasa. Por otra parte, su miga es demasiado esponjosa, no es bastante compacta; son fuente de azúcares más rápidos, menos favorables para la salud y la línea.

Los alimentos feculentos (véase tabla pág. 83)
Las legumbres, el trigo triturado (bulgur), la pasta y el arroz integrales son especialmente interesantes por su riqueza en glúcidos lentos, fibra y vitaminas.

Pasta y arroz de cocción rápida: avances tecnológicos que son fuente de inconvenientes nutricionales

Para ayudarnos a cocinar más deprisa, la industria agroalimentaria fabrica pasta y arroz de cocción rápida: 2 a 3 minutos en lugar de los 8 a 15 habituales. El reverso de la moneda es que el proceso tecnológico de fabricación altera la arquitectura de los glúcidos, que se alejan de la familia de los glúcidos lentos y se acercan a la de los glúcidos rápidos. Para la salud y la línea, es mejor permanecer fiel a las formas tradicionales de arroz y pasta.

La estabilización

La charcutería

Privilegie los embutidos poco grasos o moderadamente grasos. Limite los demás a momentos excepcionales.

Consuma embutidos sólo una o dos veces a la semana. Modere las raciones (entre 50 y 100 g cada vez).

Embutidos: algunos son grasos, otros no	
Los más grasos (más de 40 g de grasa por 100 g de embutido)	Chorizo, salami, foie-gras, chicharrones, salchicha alsaciana.
Muy grasos (entre 30 y 40 g)	Paté de hígado de cerdo, morcilla, salchichón, carne picada de relleno.
Grasos (entre 20 y 30 g)	Embuchado, salchicha fresca, salchichón al ajo, mortadela, salchicha de Estrasburgo, salchicha de Francfort, salchicha picante del norte de África, salchicha de Montbéliard, de Toulouse, morcilla blanca, paté *de campagne*, paté de hígado de ave, *pâté en croûte* [un tipo de empanada], terrina de pato, tocino entreverado, cerdo ahumado.
Moderadamente grasos (entre 10 y 20 g)	*Andouillette* [un tipo de embutido francés], galantina, queso de cerdo, paté de conejo, jamón crudo.
Poco grasos (entre 5 y 10 g)	Jamón cocido, beicon, callos a la madrileña.

Acompáñelos de verdura «verde» o de una buena ensalada.

Si se toman con carne, representan una doble ración; utilícelos como sustitución de un plato de carne o volatería en lugar de tomarlos antes de él.

Los platos precocinados

Elija los platos precocinados y las marcas cuyo contenido en calorías y en lípidos sean los más bajos en su categoría (compare las etiquetas).

Lea la lista de los ingredientes; elija los platos preparados con aceite de oliva o de cacahuete en lugar de los que contienen margarina o aceite de copra [médula de coco], de palma o de girasol.

Según lo que le falte al plato industrial, restablezca el equilibrio de su comida incorporando un alimento feculento (o pan) y sobre todo verduras (o una ensalada).

Modere, o mejor evite, la sal en el resto de la comida, porque estos platos suelen ser muy salados, lo cual favorece la retención de agua.

El queso

Prefiera los quesos clásicos con un 45% de MG (algunos con un 50% de MG), pero evite los que sean demasiado ricos en materia grasa.

Es evidente que sólo debe elegir un queso ligero si lo encuentra sabroso. De lo contrario, es preferible que tome un pedazo pequeño de queso de verdad.

Para su salud, los quesos más ricos en calcio son los mejores. Son sobre todo los quesos de pasta dura, no mucho más ricos en calorías que los demás, a pesar de lo que se cree.

Una ración de 30 g de queso	Aporte de calcio en mg	Aporte calórico en kcal
Parmesano	383	114
Emmental	356	113
Beaufort	312	120
Comté	294	120
Cantal	291	110
Edam	267	98
Gouda	256	104
Saint-Paulin	234	89
Morbier	228	104
Azul	217	103
Bondel/Babybel	198	94
Pirineos	191	107
Reblochon	188	93
Roquefort	180	111
Saint-Nectaire	177	102
Raclette	165	107
Rouy	150	100
Mozzarella	150	82
Queso fundido con un 45% de MG	148	88
Chaume	147	104
Pont-l'Évêque	141	90
Munster	129	100
Tome	121	96
Camembert con un 45% de MG	120	85
Brie	85	99
Cabra seco	77	140
Queso fundido con un 65% de MG	73	106
Coulommiers	73	92
Vache-qui-rit	72	103
Saint-Marcellin	52	98
Petit-Louis	33	90
Cabra de pasta blanda	32	62
Cabra semiseco	32	98
Saint-Moret	30	70
Boursault	28	113
Kiri	27	100
Carré fresco Gervais	24	68

Galletas, bollería y pasteles

- Opte por la moderación:
- — Un cruasán el domingo por la mañana y pan tostado en los demás desayunos.
- — Una o dos galletas para merendar, pero no el paquete entero por la noche ante el televisor.
- — Un pastel en la comida del domingo, fruta o un yogur en las demás comidas; saboréelo con moderación.

- Privilegie los productos menos grasos:
- — Entre la bollería: bollo de leche o *brioche*.
- — Entre las galletas: galletas secas, pastas de té, bizcocho de soletilla, lengua de gato, galletas *boudoir* [galletas con azúcar glaseado], galletas con mermelada o alajú.
- — Entre los pasteles: tarta de fruta, pastelillo de chocolate o de café.

- Consuma con menos frecuencia los productos más grasos:
- — El pan hecho con chocolate (mucho más graso que pan *y* pastilla de chocolate).
- — Las pastas hojaldradas (palmeras), las galletas de mantequilla como las «especialidades bretonas», las galletitas y otras pastas de chocolate.
- — Los pasteles con nata y mantequilla o chocolate.

Si toma regularmente estas pastas con motivo de un tentempié entre las comidas, tome también una fruta fresca; además de los efectos «saludables» de la fruta, su riqueza en fibra reducirá el apetito en las horas siguientes (estará menos tentado a terminarse el paquete) y durante la comida siguiente; de esta forma correrá menos riesgo de aumentar de peso.

QUINTA PARTE

Trucos y astucias: cocino a mi imagen

❖

*¿Adelgazar sin alterar su compra de alimentos o su forma
de cocinar y sin dejar de compartir la comida con los suyos?
Seguro que le gustaría, pero no sabe muy bien cómo hacerlo.
Lea las páginas siguientes, le ayudarán en este camino.*

Hierbas, especias y condimentos: los sabores sin los riesgos

Para realzar o variar el sabor de sus platos, no dude en utilizar la amplia gama de aliños, hierbas y especias que tiene a su disposición. No aportan calorías y tienen la ventaja de aromatizar agradablemente los platos y ayudarle así a prescindir mejor de la materia grasa.

Piense también en el Viandox, fabricado a partir de extractos vegetales. Tiene un sabor muy concentrado y bastan unas gotas para aromatizar la pasta, el arroz, la verdura, la carne o los huevos.

Las hierbas, las especias y las plantas aromáticas se adaptan a todo tipo de productos (carne, pescado, huevos, verdura, alimentos feculentos) y permiten elaborar platos con sabores muy característicos. Para darle ideas sobre la preparación de recetas, le proponemos en la tabla siguiente algunos ejemplos de asociaciones; algunas son objeto de recetas detalladas en las páginas 209 a 216 para las salsas, y 243 y siguientes para los platos cocinados.

La salsa de soja y el «nuoc-mân»

La salsa de soja, que también recibe el nombre de «shoyu», se elabora a partir de extracto de soja y sal. Es muy aromática y se utiliza a menudo en los adobos «a la china», con jengibre y a veces sake. Existen diversas marcas: Arôme Saveur (Maggi), Soy Sauce Kikkoman, Light Superior Soy Sauce (Pearl River Bridge), Soya Sauce Blue Dragon, etc.

El *nuoc-mân* es una salsa muy salada hecha con anchoas y sal. Se utiliza en lugar de la sal, y aromatiza de forma original el arroz basmati. La encontrará entre las marcas importadas de Tailandia, por ejemplo el Nuoc Mâm Cock Brand importado por Tang Frères SA.

Las finas hierbas		
	¿A qué asociarlas?	**Ideas culinarias**
Albahaca	Tomate, ensalada, pasta.	Sopa fría de tomate y albahaca, ensalada verde con albahaca.
Cebollino	Huevos, ensaladas, sopas.	Huevos al plato con cebollino, salsa de yogur y cebollino.
Cilantro	Verduras (calabacines, berenjenas), carne.	Albóndigas de buey con salsa verde, calabacines con cilantro, caviar de berenjenas con cilantro.
Eneldo	Salmón y otros pescados.	Salsa verde de eneldo, salsa de requesón y rábano blanco.
Estragón	Pollo, buey, huevos, ensaladas, tomates.	Huevos con gelatina al estragón, pollo al estragón, vinagreta al estragón.
Menta	Té, ensaladas, fruta (fresas, frambuesas, naranja), carne adobada.	Albóndigas de buey con salsa verde, ensalada de frutas a la menta, brocheta de ave a la menta.
Perejil	Carne, pescado, verdura, decoración de platos.	Verdura con perejil.
Perifollo	Huevos, ensaladas, sopas, carne (volatería, conejo).	Tortilla con perifollo, sopa de verduras y perifollo.

Las hierbas aromáticas

	¿A qué asociarlas?	Ideas culinarias
Laurel	Carne adobada, ramilletes, cocina provenzal (en asociación con hierbas de Provenza, tomillo).	Pollo César (con hojas de laurel) al horno, salsa de tomate, tomates a la provenzal.
Mejorana u orégano	Carne (buey, volatería, conejo), tomates, vinagres, huevos.	Salsa de tomate, parrillada de buey con orégano.
Romero	Carne y pescado asados, verdura (tomates), rellenos.	Puré de tomate, parrillada de ternera con romero.
Salvia	Carne (ternera).	Pulpetas de ternera con salvia.
Tomillo	Carne asada, rellenos, adobos, ramilletes, ensaladas, tomate.	Tomates a la provenzal, parrillada de buey con tomillo.

Las especias		
	¿A qué asociarlas?	**Ideas culinarias**
Alcaravea (o comino)	Col, pescado, carne.	Col asada a la alcaravea, pescado asado al comino.
Anís estrellado (o badián)	Carne (buey, volatería).	Buey al anís estrellado, curry de ave.
Azafrán (o cúrcuma)	Platos orientales.	*Tajine* [guiso de cordero o de ave] con limones confitados.
Canela	Fruta (manzana, melocotón, naranja, pera, ruibarbo), pescado, carne.	Frutas de invierno a la canela, *crumble* de melocotón y canela, pollo a la india.
Clavo	Manzana, adobos de salsa al vino rojo, salsas.	Pollo a la india.
Curry	Carne (ternera, volatería), pescado, verdura.	Curry de rape, pollo al curry, verduritas al curry.
4 especias (canela, jengibre, clavo, nuez moscada)	Huevos, carne (volatería, conejo).	Huevos revueltos a las 4 especias.
Jengibre	Carne adobada (pollo, ternera, pavo).	Pollo al jengibre, brochetas de pavo al jengibre.

Las especias		
	¿A qué asociarlas?	Ideas culinarias
Nuez moscada	Huevos, leche, flan.	Flan de verdura.
Pimentón (paprika)	Huevos, carne (buey, pollo), pescado.	Huevos al plato con pimentón, pescado asado acompañado de una salsa de requesón y pimentón.
Pimienta	Tomates, adobos.	Salsa de tomate, pimientos asados.

Los condimentos		
	¿A qué asociarlos?	Ideas culinarias
Ajo, cebolla, escalonia	Bases de la cocina: preparación de carne, pescado, verdura.	Filete de bacalao fresco con mostaza y escalonia, pisto, salsa de tomate, asado de ternera con leche y puré de ajo.
Caldo de pollo desgrasado, cocido desgrasado	Cocción de verdura, carne.	Asado de ternera a la provenzal, conejo a la mostaza.
Concentrado, crema, tomate triturado	Huevos, carne (buey, volatería, conejo, ternera), pescado.	Asado de ternera a la provenzal, filete de bacalao fresco con tomate triturado, conejo *niçois,* tortilla de tomate y cebolla.

Los condimentos		
	¿A qué asociarlos?	**Ideas culinarias**
Limón, vinagre	Salsas, carne y pescado adobados.	Salsa de yogur con limón, *carpaccio* de salmón al eneldo.
Mostaza (sin aceite)	Salsas, acompañamiento de carne, preparación de carne y pescado.	Conejo a la mostaza, filete de bacalao fresco con escalonia y mostaza, brocheta de pavo al jengibre, salsa *gribiche*,[1] salsa mayonesa.
Pepinillos	Acompañamiento de carne fría y embutidos (jamón cocido), ensalada mixta.	Ensalada de jamón, tomate, pimiento y pepinillos.
Rábano blanco	Salsas especiadas.	Salsa de requesón y rábano blanco, salmón con eneldo.
Salsa de soja, *nuoc-mân*	Verdura, carne o pescado adobados.	Calabacines e hinojo con *nuoc-mân*, pollo a la china.
Tabasco	Zumo de tomate, salsas especiadas.	Salsa cóctel, salsa picante.

1. Véase recetas de salsas, pág. 212.

Las salsas:
dar personalidad a los platos

Para adelgazar y después permanecer delgado, necesitará ser hábil con la materia grasa en la elaboración del entrante o el plato principal de su comida. Pero también debe comer alimentos apetitosos y recibir dignamente a sus amigos. Así pues, pruebe nuestras salsas: son ligeras, sabrosas y untuosas; pronto las hará suyas.

Salsas para hortalizas crudas

❖ Salsa de yogur (2 personas)

$\frac{1}{2}$ yogur
1 cucharadita de mostaza[1] a la antigua
1 cucharadita de vinagre balsámico
Sal y pimienta

Mezcle todos los ingredientes. Sazone.

❖ NUESTRA PROPUESTA:
Sirva esta salsa con verdura cruda, por ejemplo con pepino o tomate a rodajas.

---

1. Elija una mostaza sin aceite; lea bien la lista de ingredientes antes de comprarla.

❖ Salsa verde (2 personas)

50 g de requesón con un 0 a 20% de materia grasa ($^1/_2$ frasco de 100 g)
1 cucharada de zumo de limón
1 cucharadita de mostaza[1]
1 cucharada de leche semidescremada
Hierbas aromáticas (eneldo, cebollino, perejil, menta, albahaca, cilantro)
Sal y pimienta

Corte finamente las hierbas y mézclelas con los demás ingredientes. Sazone.

❖ NUESTRA PROPUESTA:
Sirva esta salsa con una ensalada mixta, trocitos de verdura (coliflor, rábano, apio, hinojo, etc.) o carne asada.

❖ Salsa picante (2 personas)

1 yema de huevo
1 cucharadita de mostaza[1]
1 cucharadita de curry en polvo
1 cucharadita de agua
Unas gotas de Tabasco
3 o 4 cucharadas de leche semidescremada
Sal y pimienta

Coloque en una cacerola la yema de huevo, la mostaza, el curry y el agua. Hágalo espesar al baño María removiendo continuamente. Cuando la yema cuaje, retírelo del fuego y añada la leche y el Tabasco. Sazone.

❖ NUESTRA PROPUESTA:
Esta salsa es deliciosa para el aperitivo o el entrante, con verdura cruda: rábanos, coliflor, tomate, apio.

1. Elija una mostaza sin aceite; lea bien la lista de ingredientes antes de comprarla.

Salsas para pescado caliente (escalfado, al microondas, etc.)

❖ Salsa al limón (2 personas)

1 yema de huevo
1 cucharada de zumo de limón
1 cucharada de agua
$1/_2$ yogur, o 50 g de requesón con un 0 a 20% de materia grasa
Sal y pimienta

Coloque en una cacerola la yema de huevo, el limón y el agua. Hágalo espesar al baño María removiendo continuamente. Cuando la yema haya doblado su volumen, retírela del fuego y añada el yogur (o el requesón). Sazone.

❖ NUESTRA PROPUESTA:
Sirva esta salsa tibia con un pescado escalfado.

❖ Salsa a las finas hierbas (4 personas)

125 ml de caldo de pescado
1 cucharadita de maicena
200 g de requesón con un 0 a 20% de materia grasa (2 frascos de 100 g)
Finas hierbas picadas (cebollino, eneldo, perejil, menta, etc.)
Sal y pimienta

Deslíe la maicena en el caldo de pescado. Hágalo espesar a fuego suave removiendo continuamente. Fuera del fuego, añada el requesón y las finas hierbas. Sazone.

❖ NUESTRA PROPUESTA:
Esta salsa tibia se adapta muy bien a un filete de pescado natural cocido al vapor, al microondas o en caldo corto.

Salsas para pescado frío
y terrinas de pescado
o de verduras

❖ Crema de tomate (4 personas)

8 tomates
Hierbas frescas (menta, albahaca, estragón) picadas
Sal y pimienta

Quite la piel y las pepitas de los tomates (véase pág. 245). Páselos por la batidora con las finas hierbas frescas. Sazone con sal y pimienta.

❖ NUESTRA PROPUESTA:
Esta crema se sirve fría con una terrina de pescado o de verduras.

❖ Salsa gribiche (4 personas)

1 huevo duro
2 cucharaditas de mostaza[1]
1 cucharada de vinagre
1 cucharada de yogur natural
1 cucharada de perejil picado
Pepinillos picados (3 o 4 de tamaño medio)
Sal y pimienta

Desmenuce el huevo duro. Añada la mostaza, el vinagre, el yogur el perejil y los pepinillos. Sazone.

---

1. Elija una mostaza sin aceite; lea bien la lista de ingredientes antes de comprarla.

❖ Salsa cóctel (4 personas)

3 tomates
50 g de requesón con un 0 a 20% de materia grasa (frasco de 100 g)
Unas gotas de Tabasco
Sal y pimienta

Quite la piel de los tomates (véase pág. 245) o utilice tomates enteros pelados en conserva. Páselos por la batidora junto con el requesón y añada el Tabasco, sal y pimienta.

❖ Salsa de requesón y rábano blanco (4 personas)

100 g de requesón con un 0 a 20% de materia grasa (1 frasco pequeño)
2 cucharadas de eneldo (fresco o congelado) picado
El zumo de medio limón
1 cucharadita de rábano blanco rallado
Sal y pimienta

Mezcle todos los ingredientes. Sazone.

❖ NUESTRA PROPUESTA:
Esta salsa es deliciosa como acompañamiento del salmón ahumado.

Salsas para carne asada

❖ Salsa bordelesa (4 personas)

2 escalonias
¹/₂ vaso de vino tinto
1 ramillete (ramitas de perejil, tomillo y laurel atados)
1 vaso de caldo de carne desgrasado
1 cucharadita de maicena

Pique las escalonias. Cuézalas a fuego lento en el vino tinto. Añada el ra-millete y el caldo de carne, y déjelo hervir durante 10 minutos con la tapa-dera. Cuele la salsa con un colador fino y añada la maicena previamente desleída en una cucharada de agua fría. En el momento de servir, puede añadir 10 g de mantequilla.

Salsas para volatería fría

❖ Salsa «mayonesa» (2 personas)

1 yema de huevo
1 cucharadita de mostaza a la antigua
1 cucharada de agua
3 o 4 cucharadas de leche semidescremada
Sal y pimienta

En una cacerola, ponga la yema de huevo, la mostaza y el agua. Hágalo es-pesar al baño María removiendo continuamente. Cuando la yema cuaje, re-tire del fuego y añada la leche. Sazone.

❖ Vinagreta de tomate (4 personas)

450 g de pulpa de tomate
100 ml de vinagre (de vino, balsámico o de Jerez)
50 g de mostaza[1] (3 cucharadas colmadas)
2 cucharadas de hierbas frescas (albahaca, perejil, cebollino, etc.) picadas
Sal y pimienta

Mezcle todos los ingredientes en una ensaladera. Sazone.

Salsa para alimentos feculentos y verduras calientes

❖ Salsa de tomate (2 personas)

6 tomates
2 cebollas
3 dientes de ajo
Ramillete (rama de perejil, tomillo y laurel atados)
Mejorana u orégano
Pimienta o Tabasco (facultativo)

Corte los tomates en trocitos. Corte la cebolla en láminas y pique el diente de ajo. En una cacerola con revestimiento antiadherente muy caliente, ponga la cebolla cortada con un poco de agua y deje que se cueza durante 1 o 2 minutos. Añada los tomates, el ajo y el ramillete. Déjelo cocer tapado durante unos 30 minutos removiendo de vez en cuando. Puede añadir unas gotas de Tabasco o pimienta.

Se utiliza tal cual, con los trozos de tomate, o pasada por la batidora para obtener una consistencia más fluida. Se consume caliente con pasta fresca, o fría con volatería o pescado.

---

1. Elija una mostaza sin aceite; lea bien la lista de ingredientes antes de comprarla.

❖ Salsa bechamel (4 personas)

500 ml de leche semidescremada
40 g de maicena
Nuez moscada
Sal y pimienta

Deslíe la maicena en la leche fría poco a poco, en frío, en una cacerola. Haga espesar la mezcla a fuego suave removiendo continuamente. Sazone con la sal, la pimienta y la nuez moscada.

❖ NUESTRA PROPUESTA:

Ponga la salsa sobre verdura o pasta, esparza queso rallado por encima y métala en el horno durante unos 15 minutos para gratinarla.

Aprender a cocinar
con poca materia grasa

Para adelgazar y después permanecer delgado, es muy aconsejable cocinar con menos grasa que antes. Pero para no alterar los placeres de la mesa y aguantar con el paso del tiempo, también es necesario cocinar de forma sabrosa. Como verá en las tablas[1] siguientes, existen varias maneras de cocinar las verduras, la carne o el pescado evitando a la vez las frituras o las salsas grasas y la insipidez de ciertos regímenes. Es posible elaborar platos adecuados para adelgazar que también puedan gustar al conjunto de la familia.

1. Para cada familia de alimentos, estas tablas presentan las principales técnicas culinarias que permiten hacer una cocina que adelgace y sea sabrosa, así como diversas sugerencias de recetas.

Cómo cocinar bien las verduras sin materia grasa

Técnicas	Recetas de verduras

AL VAPOR

Esta técnica de cocción se utiliza sobre todo para las verduras naturalmente ricas en agua: tomates (45 min., term. 7), berenjenas (35 min., term. 7), calabacines (35 min., term. 7), setas (25 min., term. 7).

Precaliente el horno. Introduzca las verduras previamente sazonadas y dispuestas en una bandeja de horno. Déjelas el tiempo necesario.

Caso particular: cocción a la papillote

Disponga la verdura en un cuadrado de papel de aluminio.

Sazone (sal, pimienta, hierbas aromáticas, especias), cierre el aluminio y disponga la papillote en una bandeja con un poco de agua. Introdúzcala en el horno.

- Tomates a la provenzal.
- Berenjenas rellenas.
- Caviar de berenjena: cueza las berenjenas enteras y agujereadas con un tenedor durante 45 minutos en el horno caliente, pase la carne por la batidora y mézclela con el ajo, una ramita de cilantro fresco y zumo de limón; sazone con sal y pimienta.
- Pimientos asados o ensalada de pimientos (con lechuga y calabacines asados).
- Calabacines a la provenzal: disponga en una cazuela de horno los calabacines cortados en rodajas con dados de tomate, una cebolla en rodajas y un poco de ajo machacado, sal y pimienta. Cúbralo y déjelo cocer durante unos 30 minutos con el termostato en 6.
- Endibias con jamón (con una bechamel ligera).
- Brocheta de verdura.
- Papillote de tomates, setas y cebolla.
- Papillote de calabacines y berenjenas con salvia.

CON AGUA (a la inglesa)

Ponga a hervir una gran cantidad de agua con sal. Sumerja la verdura y déjela hervir el tiempo necesario (consuma la verdura *«al dente»* para conservar mejor sus vitaminas y minerales).

Eventualmente, puede acompañarse con un chorrito de aceite de oliva, una bolita de mantequilla o una cucharada de crema de leche fresca.

- Todas las verduras pueden cocinarse de esta manera. Puede utilizar verdura congelada si dispone de poco tiempo, pero la verdura fresca suele ser más sabrosa.
- Esta técnica permite también realizar sopas caseras.

AL VAPOR

Disponga la verdura en un compartimiento colocado encima de un recipiente con agua (las ollas especiales para cocer al vapor son muy útiles) y déjela cocer (el agua debe hervir) el tiempo necesario.

- Todas las verduras pueden cocinarse con esta técnica.
- También puede utilizar una olla a presión, que reducirá el tiempo de cocción de las verduras.

ESTOFADAS

Esta técnica de cocción se utiliza sobre todo con las verduras naturalmente ricas en agua (tomates, berenjenas, calabacines, lechugas, endibias, espinacas, setas). Se cuecen en su propia agua, en un recipiente cerrado (olla, olla a presión, cacerola con revestimiento antiadherente y con tapa).

Disponga las verduras en el utensilio de cocción. Sazone (sal, pimienta, especias, hierbas aromáticas), coloque la tapadera y déjela cocer a fuego lento removiendo de vez en cuando.

- Lechuga cocida.
- Espinacas al curry.
- Tomates con perifollo.
- Berenjenas con cilantro.
- *Piperade* [tortilla de pimientos morrones y tomates] a la vasca.
- *Ratatouille*

AL MICROONDAS

Esta forma de cocción no da tan buenos resultados para cocinar las verduras.

Cómo cocinar bien la carne sin materia grasa

Técnicas	Recetas con carne
AL HORNO	
Elija un trozo para asar. Dispóngalo en una bandeja con sustancias aromáticas (especias, hierbas, cebolla) y verduras (zanahorias, col, etc.). Introdúzcalo en el horno precalentado.	• Asado de buey. • Pierna de cordero al ajo. • Pollo asado con hierbas. • Pechugas de pollo *tandoori*.
AL MICROONDAS	
Cueza la verdura en una olla con tapadera con un poco de agua. Dore la carne (si dispone de bandeja para ello), después colóquela en una bandeja con sustancias aromáticas (ajo, especias, hierbas) y ásela con tapadera.	• Brochetas de cerdo con jengibre. • Pintada con col. • Conejo al papillote con pimiento.
EN UN CALDO	
Prepare un caldo de carne o de pescado. Rehogue la carne en una olla y después añada la verdura, las sustancias aromáticas y el caldo.	• Buey asado a la provenzal. • Cocido. • Guiso de ternera lechal. • Cuscús. • Cordero a la cúrcuma. • Cerdo con col. • Lomo de cerdo al limón. • Pollo con setas. • Pollo dos pimientos. • Muslo de pintada con pimienta verde. • Conejo a la cazuela.
CON LECHE	
Ponga la leche a hervir, añada la carne y déjela cocer.	• Asado de ternera con leche y ajo. • Lomo de cerdo con leche.

AL VAPOR

Utilice una olla para cocción al vapor. Si no dispone de ella, disponga el alimento en su papillote en una cacerola con un poco de agua y ponga la tapadera.

- Papillote de ternera al hinojo.
- Papillote de pollo al limón.

EN LA SARTÉN O LA OLLA ANTIADHERENTE

Rehogue el alimento en una sartén muy caliente. Empiece por la cebolla (si está incluida en la receta) y después añada la carne, las plantas aromáticas y la verdura.

- Escalope de pavo al romero.
- Conejo con mostaza.
- Lomo de cerdo adobado con frutos exóticos.
- Salteado de ternera a la vasca.
- Chile con carne.

Cómo cocinar bien el pescado sin materia grasa

Técnicas	Recetas de pescado
AL HORNO	
Sazone el pescado (sal, pimienta, especias) y métalo en el horno precalentado en una bandeja grande.	• Salmón entero al curry. • Lomos de bacalao fresco y cebolla confitada.
AL MICROONDAS	
Coloque el pescado en un plato. Sazónelo (sal, pimienta, hierbas, especias) y métalo en el microondas con la tapadera.	• Filete de fletán al eneldo.
EN UN CALDO	
Prepare un caldo corto. Meta el pescado en el líquido hirviendo y déjelo cocer.	• Bacalao fresco en caldo corto. • Vieiras a la naranja. • Filete de lenguado en salsa blanca.
CON LECHE	
Ponga la leche a hervir. Añada el pescado y déjelo cocer.	• Filete de bacalao con leche.
AL VAPOR	
Deposite la papillote en una cacerola con un poco de agua. Déjela cocer con la tapadera. También puede ponerla entre dos platos colocados sobre una cacerola de agua hirviendo.	• Papillote de lenguado con verduritas. • *Choucroute* con salmón.
EN LA SARTÉN O LA OLLA ANTIADHERENTE	
Ponga la sartén a calentar. Ase el pescado y sazone.	• Salmón asado a la unilateral. • Filete de fletán con verduras.

Cómo cocinar bien los huevos sin materia grasa

Técnicas	Recetas de huevos
AL HORNO	
Coloque los huevos en un recipiente. Sazónelos y métalos en el horno precalentado.	• Huevos al plato con cebollino.
AL MICROONDAS	
Coloque los huevos en un recipiente. Sazónelos e introdúzcalos en el microondas unos minutos (controle la cocción).	• Huevos al plato[1] con jamón.
EN AGUA	
Ponga a hervir agua con vinagre. Sumerja los huevos con cáscara (huevos duros) o sin cáscara (huevos escalfados).	• Huevos pasados por agua. • Huevos duros rellenos.
AL VAPOR	
Coloque los huevos en un plato. Sazone. Cúbralos con otro plato y cuézalos sobre una cacerola llena de agua hirviendo.	• Huevos al plato (preparados entre dos platos).
EN LA SARTÉN O LA OLLA ANTIADHERENTE	
Caliente bien la sartén. Añada los huevos y, eventualmente, la verdura. Sazone.	• Huevos revueltos a las 4 especias. • Revuelto de gambas. • Tortilla con tomate.

1. Una loncha de jamón para tres huevos.

Utilizar bien el caldo de carne, de verdura y de pescado

Los caldos en cubitos y los caldos de pescado son mezclas aromáticas que contienen, en general, un potenciador del sabor, cebolla, aromatizantes, especias y hierbas aromáticas, así como materia grasa vegetal y/o animal con, respectivamente, una mezcla de verduras, en el caso del caldo de verduras, y de pescado en el caso del caldo de pescado. Pueden utilizarse para cocer la verdura, la carne o el pescado y constituyen la base de numerosas salsas.

Modo de empleo: se aconseja añadir, para la cocción de verdura, pasta o arroz, un cubito de 10 g por medio litro de líquido de cocción; para preparar una salsa, se añade un cubito de 10 g por cuarto de litro. En cuanto al caldo de pescado, se deslíe una cucharadita por persona en 100 ml de líquido.

Según la marca (Knorr, Maggi o Amora), proporcionan cantidades muy variables de lípidos:

— El caldo de pollo o ave (Knorr) aporta en general 2,8 g de lípidos por cubito de 10 g, es decir, el equivalente a $1/3$ de cucharada de aceite.
— Algunos caldos de verduras son paradójicamente más grasos y contienen hasta el equivalente de dos tercios de una cucharada de aceite (caldo de verdura Maggi, Secret d'arômes de Knorr).
— Los menos grasos, y por lo tanto los más recomendables en el marco de un proyecto de adelgazamiento, son los cubitos de caldo de pollo desgrasado (Amora), los cubitos de cocido desgrasado (Amora) y el caldo corto en polvo (Maggi).

Si le gusta la cocina vegetariana

Los vegetarianos tienen una alimentación con predominio vegetal (legumbres, alimentos de origen cereal, soja, fruta y verdura), pero también incluyen en su mesa algunos alimentos seleccionados procedentes del reino animal. Si éste es su caso, el régimen de «plena forma» debería gustarle, puesto que concede un lugar muy importante a las verduras, los alimentos feculentos y el pan integral. El régimen de «gran velocidad» también es posible, si no excluye todos los alimentos de origen animal.

- Si sólo excluye la carne de sus menús, sustitúyala por pescado, huevos o productos lácteos, así como por volatería en el caso de las personas que se contentan con rechazar la carne roja.
- Si excluye cualquier alimento procedente de la carne animal y no come ni carne, ni volatería, ni pescado, es imperativo que cada una de sus comidas incluya huevos o productos lácteos. Por otra parte, debe conceder una atención especial al hierro (véase pág. 160) y a la elección del aceite; dado que no ingiere los ácidos grasos omega-3 (véase pág. 42) contenidos en el pescado graso, debe privilegiar el aceite de soja y de nuez, ricos en omega-3.

Cuando le apetezca, sustituya los productos lácteos previstos en el régimen de «gran velocidad» y de «plena forma» por sus equivalentes en derivados de la soja. También puede preparar de

Vegetarianos estrictos: atención a las carencias

Si es usted un vegetariano estricto (vegano o vegetaliano) y excluye todos los alimentos de origen animal, le aconsejo que no siga el régimen de «gran velocidad» ni el régimen de «plena forma». A causa del riesgo de carencias que tiene la dieta vegetariana, es indispensable, si desea adelgazar, que su régimen de adelgazamiento esté elaborado por un profesional, médico o dietista, en función de sus preferencias alimentarias.

vez en cuando un desayuno o una cena que sólo contenga alimentos de origen vegetal, por ejemplo:

• Sustituir la carne por tofu (160 g de tofu aportan aproximadamente tantas proteínas como 100 g de carne).
• Basar el plato completo del régimen de «plena forma» en la asociación de una legumbre y un alimento de origen cereal; estas dos familias de alimentos se complementan muy bien, y su mezcla proporciona una cantidad de proteínas similar a la de la carne y el pescado. Diversas tradiciones culinarias se basan en estas asociaciones: sémola de cuscús y garbanzos en el Magreb; arroz y lentejas en la India; maíz y judías rojas en América del Sur. Para consumir la cantidad de proteínas ideal, debe utilizar el doble de alimentos de origen cereal que de legumbres (o tofu, procedente de la soja).

Para mejorar el equilibrio alimentario, le recomiendo que incluya en la otra comida del día, según su elección «vegetariana», un producto de volatería, pescado o huevos.

Saber utilizar los alimentos
derivados de la soja

La soja se considera un alimento rico en proteínas vegetales. Sin embargo, los brotes de soja que se venden en conserva en la sección de productos exóticos o de alimentos frescos son pobres en proteínas; estos brotes proceden en realidad de la semilla de «judía mung», mientras que la soja «rica en proteínas» procede de la semilla de «glycine max». A partir de esta última se elaboran todo tipo de productos derivados:

• Las bebidas de soja, naturales o aromatizadas: el «tonyu» (o leche de soja) puede sustituir a la leche de vaca porque es igual de rico en proteínas. Sin embargo, conviene elegir el tipo «enriquecido en calcio», porque la soja es naturalmente pobre en este elemento. Evite las bebidas aromatizadas (chocolate, vainilla, etc.).

• Las natillas de soja, así como el «yogur» de soja, que pueden sustituir a los postres lácteos elaborados con leche de vaca. Cuando están aromatizados, a menudo son demasiado ricos en azúcar si desea adelgazar deprisa.

• El tofu, obtenido mediante coagulación del tonyu. Es su versión sólida, que se consume en cubos rehogados en la sartén o mezclados en preparados culinarios (verdura rellena, terrinas, etc.). Es rico en proteínas vegetales y puede sustituir a la carne o el pescado en los menús vegetarianos. Armoniza muy bien con una mezcla de verduras y alimentos feculentos (en la dieta de «plena forma»), cortado a dados o en láminas y aderezado con hierbas aromáticas.

• Los productos transformados elaborados con tofu, como las tortas de soja o las salchichas de soja, aromatizados con queso, verdura, cereales, son ricos en glúcidos y en proteínas, y tienen su lugar en el plato completo (véase pág. 98) del régimen de «plena forma»; asocie una mezcla de verduras y, en función del apetito que tenga, unas cucharadas de bulgur y cuscús, o incluso 2-3 rebanadas de pan integral.

• La crema fresca de soja (por ejemplo, «soya cuisine» de Alpro). Este preparado vegetal se utiliza como la auténtica crema de leche; 60 g de esta «crema vegetal» (unas cuatro cucharadas rasas) equivalen a una cucharada de aceite.

Adelgazar según el gusto de cada cual

Si prefiere comer más a mediodía que por la noche

El régimen de «plena forma» propone una comida más copiosa por la noche que a mediodía porque nuestra forma de vida y los horarios de trabajo a menudo dejan poco tiempo a la hora del almuerzo, mientras que la cena se impone como un momento familiar privilegiado.

Si el ritmo contrario le resulta más adecuado, no hay ningún problema: tome la comida copiosa a mediodía y la ligera por la noche.

También puede alternar las dos prácticas, es decir, comer más algunos días por la noche y otros al mediodía. Por ejemplo, siga una semana el ritmo de comer ligero y cenar copioso, e invierta el ritmo el domingo para aprovechar el almuerzo en familia.

Si no le gusta nada esta forma de comer

Ningún régimen es universal. A causa de su metabolismo, de sus gustos, de su cultura o de su forma de vida, es posible que los consejos propuestos en esta obra no le resulten adecuados.

Si éste es su caso, no insista; hable de ello con su médico, su médico de cabecera o un nutricionista: él buscará con usted una solución más adecuada a su caso.

Si le gusta mucho el queso

El queso es rico en calcio y en proteínas y, sobre todo, es muy sabroso... Sin embargo, durante las etapas de adelgazamiento, es deseable limitar la cantidad, e incluso no comerlo, porque el queso es también muy graso. Además, a los verdaderos amantes del queso les resulta a menudo difícil limitarse a un pedacito ante una bandeja llena de quesos. Por eso, le recomendamos otros productos lácteos (véase pág. 27), también ricos en calcio y en proteínas, pero claramente menos grasos.

Para los grandes amantes del queso, los regímenes de «plena forma» y de «gran velocidad» pueden parecer muy tristes, porque recomiendan abstenerse de esta maravilla de nuestra gastronomía. Si éste es su caso, sustituya el producto lácteo del almuerzo o de la cena por una ración de queso, es decir, un octavo de camembert o 30 g de otro queso de su elección. Si es perfeccionista, en este caso no tomará materia grasa (véase pág. 47) con el plato principal; de esta manera, la comida no será más rica en grasa que si no comiera queso. No se sienta «condenado» a comer quesos ligeros.

Durante el régimen de «plena forma», tiene otras dos maneras de comer queso. Por una parte, sustituir la carne por queso rallado, emmental o parmesano (unos 50 g, es decir, 6-7 pizcas), cuando la comida incluye alimentos feculentos. Por otra parte, prever una vez a la semana una «comida de queso», basada en sus quesos preferidos; esta comida sustituirá a la comida copiosa (con alimentos feculentos) propuesta para el almuerzo o la cena.

Comida de quesos para los verdaderos aficionados
Para tomar una vez a la semana, como sustitución de la comida copiosa del régimen de «plena forma»

Queso: 2 a 4 pedazos de 30 g (es decir, para cada uno, el tamaño de un octavo de camembert o una mitad de crottin de Chavignol)	Según sus gustos, puede tomar varios trozos del mismo queso o de quesos diferentes. Elija quesos con un 45 a 50% de materia grasa.
3 a 5 rebanadas de pan integral, pan de centeno, pan con cereales, etc.	
Una gran porción de ensalada de su elección	Por ejemplo: ensalada de canónigos con champiñones y cebollino, ensalada de canónigos y remolacha cocida, ensalada de judías verdes con aceite de avellana, ensalada variada con tomate y judías verdes, ensalada de lechuga rizada con manzana y salsa al limón, ensalada de endibias con manzana y aceite de nuez, ensalada de lechuga con zanahoria rallada y manzana.
No sobrepase una cucharadita de aceite para el aliño	Para aumentar el sabor, utilice aceite de nuez, aceite de avellana o aceite de oliva.
Uno o dos vasos de vino (facultativo)	
Una fruta, o una ensalada de frutas, o dos bolas de sorbete (facultativo)	

Si le gustan mucho los embutidos

Si tiene la costumbre de comer embutidos, sin duda no le gustará tener que limitarse al jamón cocido. Es el único producto de charcutería que le recomiendo, porque es el único suficientemente rico en proteínas y pobre en materia grasa para poder sustituir a la carne del régimen.

Dos elementos deberían tranquilizarle:

– es probable que, después de haber acostumbrado al organismo a una cocina menos grasa, pueda prescindir fácilmente de los embutidos; tendrá menos ganas de comerlos, como si le resultara más difícil digerir los alimentos o los platos grasos;
– después de haber adelgazado, en la fase de estabilización, podrá volver a comer de vez en cuando embutidos tradicionales.

Si, a pesar de estos buenos consejos, continúa echando de menos los embutidos, coma una vez a la semana una loncha fina de paté o dos-tres rodajas de salchichón como entrante, si es posible con hortalizas crudas o una ensalada sin aceite. Por otra parte, durante el régimen de «plena forma» limítese a una «comida con embutidos» a la semana (como para los amantes del queso), que sustituirá a la comida copiosa. Encontrará algunos ejemplos en la tabla siguiente.

Comida de embutidos para los verdaderos aficionados
Para tomar una vez a la semana, como sustitución de la comida copiosa del régimen de «plena forma»

1 loncha de jamón cocido o 3 lonchas pequeñas de beicon ahumado + *1 a 3 trozos de embutidos más grasos*	Una porción = 2 o 3 rodajas finas de salchichón o salami (15 a 20 g) o 1 pedazo de paté (30 a 40 g) o 1 loncha de jamón serrano (50 g) o 3 rodajas de chorizo (15 a 20 g) o 1 pedazo muy fino de foi-gras o chicharrones (15 g) o 1 pedazo de queso de cerdo (50 g).

3 a 5 rebanadas de pan integral, pan de centeno, pan con cereales, etc.

Una gran porción de ensalada de su elección	*Por ejemplo:* ensalada de canónigos con champiñones y cebollino, ensalada de canónigos y remolacha cocida, ensalada de judías verdes con aceite de avellana, ensalada variada con tomate y judías verdes, ensalada de lechuga rizada con manzana y salsa al limón, ensalada de endibias con manzana y aceite de nuez, ensalada de lechuga con zanahoria rallada y manzana.
No sobrepase una cucharadita de aceite para el aliño	Para aumentar el sabor, utilice aceite de nuez, aceite de avellana o aceite de oliva.

Uno o dos vasos de vino (facultativo)

Una fruta, o una ensalada de frutas, o dos bolas de sorbete (facultativo)

Si le gusta mucho el pan

En la opción de «gran velocidad», le invito a sustituir las tostadas habituales del desayuno por alimentos ricos en proteínas (véase pág. 27); después, tanto en el almuerzo como en la cena, le recomiendo que prescinda del pan y de los alimentos feculentos.

Si es un gran amante del pan y esta prohibición le parece muy lamentable, tome pan en el desayuno (véase pág. 35), pero evítelo durante el día o... elija adelgazar un poco más lentamente con el régimen de «plena forma».

¿Es más adecuado un pan que otro?

El pan integral, el pan de centeno, el pan con cereales o el pan con salvado se elaboran con una harina que sólo se ha sometido a un refinado parcial, lo cual explica su color oscuro; conserva una parte de los elementos procedentes de la envoltura de los cereales, rica en minerales, vitaminas y sobre todo en fibra. Por eso calma mejor el apetito que el pan blanco, como las barras normales o el pan artesano, y por lo tanto deben preferirse en el marco de este régimen. Si le resulta difícil comer algo diferente al pan blanco, elija una barra o un pan artesano preparado a la manera tradicional, si es posible con levadura, para que le tome un tiempo masticarlo; este tipo de pan le saciará más que las modernas *baguettes* [barras largas y angostas], demasiado blancas y que tienen tendencia a fundirse en la boca sin siquiera tener que masticarlas. Por otra parte, cuando tome pan blanco, es especialmente importante que su comida le aporte un alimento rico en fibra: una fruta en el desayuno, verduras en el almuerzo y en la cena.

Durante el régimen de «plena forma», se tomará unas tostadas en el desayuno, pero está previsto que evite el pan en las otras comidas (véase pág. 97). Sin embargo, si realmente echa de menos el pan, puede sustituir por pan, cuando le apetezca, los alimentos feculentos previstos para el almuerzo o la cena. Le aconsejo controlar la cantidad, porque es más fácil sobrepasar las necesidades de energía necesarias con el pan que con los alimentos feculentos. Excepto el del desayuno, puede tomar durante el día unos 80 g de pan en lugar de los alimentos feculentos, es decir, 4 rebanadas finas de pan o un tercio de *baguette* (véase cuadro anterior para la elección del pan); reparta esta cantidad a su gusto entre el almuerzo y la cena.

Biscotes, tortas de arroz o «Cracottes»: falsos amigos para su línea

Los biscotes, las tortas de arroz o los *Cracottes* tienen una connotación de «adelgazantes» un poco falsa. Son voluminosos y muy «aéreos», lo cual les da sensación de ligereza, pero aportan más calorías, a igualdad de peso, que el pan. Además, el organismo asimila rápidamente sus glúcidos y, por lo tanto, producen poca sensación de saciedad. Durante el régimen de «plena forma» y después el de estabilización, es mejor que consuma pan auténtico de panadería en lugar de estos productos de panificación industrial.

Si le gustan muchísimo los dulces

La atracción por el sabor dulce es innata, y el azúcar tiene muchas ventajas para el equilibrio nutricional; además del aspecto placentero, facilita el consumo de otros alimentos ricos en nutrientes esenciales, como el yogur, el requesón o la fruta.

Sus efectos sobre el peso dependen en gran parte de la forma de tomarlo. El consumo de bebidas con azúcar, durante o entre las comidas, así como el de alimentos dulces a lo largo del día (el famoso comisqueo) es incontestablemente uno de los vectores de la obesidad. En cambio, al final de las comidas, el postre dulce tiene su lugar en una dieta equilibrada, siempre que no se tome sistemáticamente un postre graso como puede ser un pastelillo; el trozo de chocolate con el café del desayuno, la mermelada en las tostadas o las galletas a la hora de la merienda tampoco plantean problemas cuando se está delgado y se desea permanecer así.

No obstante, si quiere adelgazar, tendrá que reducir el consumo de alimentos con azúcar para facilitar la combustión de la grasa. Si le cuesta prescindir de él, existen diversas soluciones.

Sea cual sea el régimen elegido, tienen varias posibilidades:

• Termine la comida con un yogur de fruta con un 0% de MG y/o una fruta fresca, y añada, si le apetece, un edulcorante (véanse págs. 32 y 33).

• Ponga edulcorante en el té o el café, o bébase una soda edulcorada a mitad de la mañana.

• A la hora del almuerzo o la cena, haga una comida compuesta por productos lácteos y fruta; por ejemplo, una o dos frutas con tres o cuatro productos lácteos. Para sentirse más saciado, le recomiendo que tome una sopa de verdura para empezar esta comida; para su equilibrio, le aconsejo que no haga este tipo de comida más de una vez al día y, por lo tanto, incluya en la otra carne, pescado o huevos con un plato de verdura.

Durante el régimen de «gran velocidad», algunas personas sienten que su atracción por los alimentos dulces aumenta y les cuesta no comisquear algo dulce a lo largo del día. Si éste es su caso, sin duda esto significa que su organismo necesita glúcidos para funcionar bien y que soporta mal su ausencia. En este caso, pase al régimen de «plena forma». En efecto, durante el régimen de «plena forma», el hecho de comer a voluntad alimentos ricos en glúcidos lentos por la mañana (gracias al pan) y por la noche (gracias a los alimentos feculentos) «anestesia» a menudo las ganas de azúcar; aunque sea un ferviente adepto a los alimentos con azúcar al final de las comidas y/o entre las comidas, es probable que sienta menos necesidad de ellos al cabo de unos quince días.

Si a pesar de estos consejos sigue encontrándose «en déficit», elija más bien alimentos dulces poco grasos:

– *dos o tres frutos secos* (albaricoques secos, dátiles, higos secos, etc.)
– *dos o tres pastitas:* galletas, pastas de té, bizcocho de soletilla, lenguas de gato, galletas con mermelada o incluso una o dos rebanadas de pan de especias,
– *un yogur con mermelada* (pruebe la mermelada de arándanos silvestres, ¡es deliciosa!), o *miel* (la miel líquida de acacia o de abeto es «imprescindible»),

Dulces, instrucciones de uso

Para que estos dulces disminuyan poco su adelgazamiento, es preferible consumirlos:
– O bien al final de las comidas, a la hora del postre.
– O bien al final del día, por ejemplo, mientras mira la televisión o lee.
– O bien con motivo de una colación entre comidas; en este caso, intente tomar una fruta fresca con las galletas, la fruta seca o un pedazo de chocolate. De esta forma, las calorías se «diluirán» y controlará mejor el apetito; comerá automáticamente menos en la comida siguiente.

– *un vaso de leche endulzada* con azúcar moreno o miel.
– *dos bolas de sorbete.*

Si le gusta el chocolate

Además de su sabor apreciado por todos (o casi), el chocolate se caracteriza por su riqueza en materia grasa y su gran concentración calórica (una pequeña pastilla de 10 g de chocolate aporta

---

Chocolate:
Cómo limitar su consumo y el aumento de peso sin estropear (demasiado) el placer

Establecer ritos
Saboree un pedazo al final del almuerzo o después de cenar, pero no se termine una tableta en una tarde.

Prolongar el placer
En lugar de tragarse una tableta sin saborearla realmente, deje que se funda una pastilla en la boca.

Asociar pan y chocolate
En lugar de tres barras de chocolate, tome una, pero rodeada de dos rebanadas de pan integral.

Comprender los efectos del chocolate: relaja porque es una fuente de placer
Elija alimentos «placenteros» de sustitución, menos grasos y/o menos densos en calorías: fresas, frambuesas, melocotones, frutos secos, etc.

cerca de 60 calorías). Por ello, el exceso favorece el aumento de peso, pero tiene la ventaja no despreciable de que muchos (y sobre todo muchas) se sienten mejor después de haberlo comido.

El chocolate no forma parte de los alimentos que le recomiendo para adelgazar. Sin embargo, si le apetece mucho, tome un pedazo, saboréelo sin culpabilidad y siga los consejos siguientes para evitar que el peso se resienta.

¿Chocolate negro o chocolate con leche?

El chocolate con leche contiene más calcio, y el chocolate negro, más magnesio, pero, contrariamente a lo que se dice, el chocolate negro es igual de rico en grasa y en calorías, y no engorda menos que el chocolate con leche. Para elegir, déjese guiar por sus gustos.

Los postres con chocolate

La comparación ofrece sorpresas: un tarro pequeño de Danette, que contiene nata fresca, no aporta más materia grasa que un yo-

Una tableta media de chocolate (100 g) aporta		
	Chocolate negro	Chocolate con leche
Calorías	520-560	520-560
Proteínas (g)	4	7
Glúcidos (g)	58	56
Lípidos (g)	30-35	30-35
Calcio (mg)	70	220
Magnesio (mg)	120	70

gur con leche entera. Por otra parte, es claramente menos calórico que las natillas con huevo, la *mousse* y los bollos, cuya apariencia ligera induce a error. En cambio, si opta por una bebida chocolateada, evite la Danette bebible, la menos favorable para su proyecto de perder peso.

Entre los helados, algunos (polo, chocolate de Lieja, cucuruchos pequeños) son preferibles.

Debe ser consciente de las limitaciones de los postres ligeros con chocolate. Es cierto que tienen poca materia grasa, pero suelen conservar una cantidad de azúcar importante, e incluso superior a sus homólogos no ligeros: por ejemplo, Danette Vitalínea (Danone) con chocolate. Los consejos citados anteriormente se aplican, por lo tanto, también a este tipo de postres.

Crema de chocolate ligera (4 personas)

250 ml de leche descremada
2 huevos enteros
2 cucharadas de cacao sin azúcar (Van Houten, etc.)
Edulcorante en polvo

Mezcle el cacao con la leche. Ponga a hervir la mezcla.
Bata los huevos con el batidor y después incorpore lentamente la leche con chocolate hirviendo.
Ponga la mezcla a fuego suave y deje que espese removiendo continuamente (sin dejar que hierva).
Cuando la crema se pegue a la cuchara, retírela del fuego y endúlcela al gusto con el edulcorante en polvo. Sírvala muy fría.

Valor nutricional de ciertos postres con chocolate

	Proteínas (g)	Lípidos (g)	Glúcidos (g)	Calorías
CREMAS DE POSTRE				
Danette Vitalínea (1 frasco)	3,4	0,7	15,8	83
Danette (1 frasco)	2,8	3,3	13,7	96
Chocolate sólido 20 g (es decir, 2 pastillas)	1	6,5	11,1	107
Flan de chocolate Alsa 141 g = $^1/_4$ de sobre	4,5	2	17,5	118
Bollos (110 g)	2,8	6	25	165
Nata Mont Blanc 125 g = $^1/_4$ de bote	4,5	4	25	173
Mousse de chocolate Alsa 100 g = $^1/_3$ de sobre	5	6	25	179
Mousse de chocolate en frasco (100 g)	6,7	6	32	209
BEBIDAS				
Chocolate caliente comercial 15 cl	6	–	15	88
Chocolate caliente casero 15 cl	6	2	15	112
Dulce de leche con chocolate 20 cl	4,5	2	20	119
Chocolate caliente (café) 25 cl	9	–	27,5	159
Soja drink Alpro 25 cl	10	10	22,5	178
Bebida de soja Bjorg 25 cl	10	10	30	201
Danette bebible 20 cl	6	8	47,5	289

Valor nutricional de ciertos postres con chocolate

	Proteínas (g)	Lípidos (g)	Glúcidos (g)	Calorias
HELADOS				
Polo de chocolate 90 ml	4,6	3,5	19	126
Cucurucho pequeño Max vainilla chocolate 70 ml	6	4	17,5	130
Esquimal Miko 60 ml	4,7	8	10	131
Chocolate de Lieja 125 ml	5,3	5,3	20	149
Carte d'Or chocolate 150 ml	8,2	8	22,5	195
Chocolate de Lieja Miko	3,4	8,5	28,9	206
Cucurucho Royal 125 ml	4,7	8	35	231
Sundae Mc Do 178 g	9	18	35	309
Esquimal Magnum 120 ml	4,5	21,3	27,5	320

Los dos postres con chocolate menos grasos y menos energéticos son la crema Danette (1 frasco) y el flan Alsa ($1/4$ de sobre reconstituido). Pueden constituir un postre para los amantes del chocolate en el régimen de «plena forma». Sin embargo, en el marco de la etapa de «gran velocidad», es mejor preparar una crema casera.

SEXTA PARTE

Prácticas y golosas: mis nuevas recetas

❖

Dado que tanto en Francia como en España
y en numerosos países, todo termina y a veces todo
empieza alrededor de una buena comida,
este libro tenía que proponerles recetas innovadoras.
Algunas son adaptaciones ligeras de platos tradicionales
o recetas regionales, otras pertenecen a la «comida
internacional», pero todas son apetitosas, para
ayudarle a perder kilos sin pasar por alto
los placeres de la mesa.
Sabrosamente suyo...

Algunas de estas recetas incorporan una materia grasa (aceite, mantequilla o crema de leche), pero la mayoría no la necesitan. En este último caso, puede utilizar la ración de materia grasa propuesta para la comida (el equivalente a 10 g de aceite, véase pág. 47):

– O bien para cocinar el plato de carne, volatería o pescado, siguiendo o no nuestra sugerencia.
– O bien como acompañamiento de la verdura o un eventual alimento feculento; por ejemplo, una cucharada de aceite de oliva para rehogar la verdura, una cucharada de crema de leche para las espinacas, una bolita de mantequilla con los calabacines o las patatas, etc.
– O bien reservarla para aderezar el entrante.
– O bien no tomar materia grasa en esta comida, para compensar una eventual comida copiosa la víspera o acelerar la pérdida de peso.

Utilizar bien la maicena

La maicena debe desleírse siempre con un poco de líquido frío (agua, leche, caldo) antes de añadirla a una salsa caliente, de lo contrario, forma grumos. Después, se hace espesar a fuego lento. Se cuece rápidamente, en unos minutos, e incluso unos segundos según la cantidad utilizada. Para obtener una salsa untuosa, utilice 20 g (es decir, una cucharada) para $^1/_2$ litro de líquido.

Cómo quitar la piel y las semillas de los tomates

La piel y las semillas de los tomates son ricos en fibra y en vitaminas, pero algunas recetas quedan mejor si se quitan. Si le gusta así, ésta es la manera de proceder.

Quite el pedúnculo del tomate con un cuchillo puntiagudo y marque una cruz en la base. Sumérjalo en una cacerola con agua hirviendo durante un minuto. Cuando la piel empiece a despegarse, retire el tomate, escúrralo y métalo en un recipiente con agua fría para detener la cocción. Deje que se enfríe y quítele con cuidado la piel.

Después puede triturar los tomates pelados; corte cada tomate en dos, estruje cada mitad para extraer las semillas y después córtelos a dados con un cuchillo de cocina. Este triturado sirve de base para cremas y salsas de tomate.

Si no tiene tiempo, también puede ir más deprisa y utilizar tomates enteros pelados en conserva. Esta solución es un poco menos sabrosa, pero también da buenos resultados.

Los entrantes fríos

Si su plato principal está equilibrado, puede tomar un entrante, pero no es indispensable; elija en función de la ocasión, del apetito del momento y de su disponibilidad para cocinar.

Todos nuestros entrantes pueden consumirse tanto en la fase «rápida» como en la de «plena forma» del régimen. Puesto que conceden mucha importancia a las verduras, constituyen concentrados de salud.

Algunas de estas recetas incorporan, para 4 personas, 2 cucharadas de aceite o 4 de crema de leche, es decir, media ración de materia grasa (véase pág. 47). En este caso, puede elegir utilizar otra media ración en los demás platos, es decir, una bolita de mantequilla (5 g), o una cucharadita de aceite, o una cucharada de crema de leche entera (15 g), o dos cucharadas de crema de leche ligera (30 g).

Para las que incluyen volatería o pescado, puede reducir en la misma cantidad las raciones del plato principal. Estos entrantes pueden incluso constituir un plato principal, ya sea mediante una mezcla (por ejemplo, una parte de ensalada de pollo y una de ensalada de salmón ahumado), ya sea aumentando las raciones de una receta única; en ambos casos, procure disponer de suficientes proteínas para la comida (es decir, para una persona, al menos 100 g de volatería o de pescado).

❖ Caviar de berenjena (4 personas)

2 berenjenas
1 tomate
1 diente de ajo
1 manojo de cilantro fresco
Sal y pimienta

Precaliente el horno con el termostato en 8. Ase las berenjenas enteras en la rejilla del horno durante unos 45 minutos. Retírelas cuando la piel se ponga negra, quite la pulpa y pásela por la batidora con el diente de ajo, el tomate pelado y triturado y el cilantro fresco. Sazone con sal y pimienta. Sírvalo acompañado de rodajas de tomate.

• Preparado de esta forma, el plato no contiene materia grasa. Puede agregarle 2 cucharadas de aceite de oliva (para 4 personas), pero entonces debe reducir en la misma cantidad la grasa del plato principal (véase cuadro pág. 247).

❖ Ensalada de las Landas (4 personas)

1 lechuga de hoja de roble
150 g de champiñones
350 g de judías verdes cocidas
150 g de dados de pato ahumado
1 limón

Aderezo: *el zumo de un limón, 2 cucharadas de aceite de oliva, cebollino, pimienta.*

Lave y deshoje la lechuga. Después de lavar y quitar los extremos terrosos, corte los champiñones en láminas y rocíelos con unas gotas de limón para que no se ennegrezcan. Rehogue los dados de pato ahumado en una sartén con revestimiento antiadherente. Sirva la ensalada con las láminas de champiñones, las judías verdes y los dados de pato tibios, aderezada con la salsa.

• Este plato contiene media ración de materia grasa por persona (véase cuadro pág. 247).

❖ Ensalada de pollo (4 personas)

1 lechuga batavia
200 g de espinacas frescas
200 g de champiñones
200 g de pechuga de pollo cocida
60 g de lonchas de beicon ahumado
1 limón

Vinagreta: *1 cucharada de vinagre, 2 cucharadas de aceite de nuez, cebollino, pimienta.*

Lave y deshoje la ensalada. Lave y quite las nervaduras a las espinacas. Después de lavar y cortar los extremos terrosos, corte los champiñones en láminas y rocíelos con unas gotas de limón para que no se ennegrezcan. Corte el pollo y las lonchas de beicon a tiras. Mezcle los ingredientes disponiendo el pollo y el beicon encima de la ensalada; aderece con la vinagreta.

• Este plato contiene media ración de materia grasa por persona (véase cuadro pág. 247).

❖ Ensalada de salmón ahumado (4 personas)

1 lechuga
150 g de salmón ahumado
1 manojo de rábanos
200 g de judías verdes cocidas

Vinagreta: *1 cucharada de vinagre, 2 cucharadas de aceite de oliva, eneldo, pimienta.*

Lave y deshoje la lechuga. Corte el salmón ahumado a tiras. Lave y corte los rábanos a rodajas. Mezcle la lechuga, el salmón, las judías verdes y los rábanos, y rocíelos con la vinagreta.

• Este plato contiene media ración de materia grasa por persona (véase cuadro pág. 247).

❖ Ensalada de arenque (4 personas)

1 bolsa de mezcla de ensaladas
150 g de filete de arenque ahumado
2 manzanas
1 endibia
1 limón

Vinagreta: *1 cucharada de vinagre, 2 cucharadas de aceite de soja, pimienta.*

Lave la mezcla. Corte los filetes de arenque en dados pequeños. Corte las manzanas en láminas finas y rocíelas con limón. Lave y corte la endibia en cuatro y después a lo largo (para obtener cuadraditos). Mezcle los ingredientes y aderece con la vinagreta.

• Este plato contiene media ración de materia grasa por persona (véase cuadro pág. 247).

Las sopas frías

❖ Sopa fría de pepino y tomate (4 personas)

2 pepinos
3 tomates
3 yogures naturales normales o con un 0% de materia grasa
15 hojas de menta fresca
Sal y pimienta

Pele los pepinos, córtelos a lo largo y quite las semillas con una cuchara. Páselos por la batidora, añada los yogures y la menta fresca, sazone e introduzca en el refrigerador. Pele los tomates (quíteles la piel), para ello, saque el pedúnculo, sumerja los tomates en agua hirviendo durante un minuto; cuando la piel empiece a despegarse, retire los tomates y sumérjalos en agua fría para enfriarlos; quite la piel, córtelos por la mitad y exprímalos para extraer las semillas. Córtelos a dados pequeños y añada al pepino en el momento de servir.

❖ Sopa fría de tomate y albahaca (2 personas)

6 tomates
10 hojas de albahaca
5 hojas de menta
Sal y pimienta

Pele los tomates, para ello, saque el pedúnculo, sumérjalos en agua hirviendo durante un minuto; cuando la piel empiece a despegarse, retire los tomates y sumérjalos en agua fría para enfriarlos; quite la piel, córtelos por la mitad y exprímalos para extraer las semillas. Páselos por la batidora con las hierbas frescas, sazone y sirva muy frío.

❖ Sopa fría de melón (2 personas)

1 melón grande
100 g de requesón con un 0% de materia grasa
1 cucharada de oporto
10 hojas de menta fresca
Sal y pimienta

Corte el melón por la mitad, quítele las pepitas y aparte la pulpa. Páselo por la batidora con la menta fresca y el requesón. Añada el oporto, sazone y sirva muy frío.

Las sopas calientes

● Estas tres sopas calientes no contienen materia grasa. Puede hacerlas más cremosas incorporando 4 cucharadas (para 4 personas) de crema de leche clásica con un 30% de MG, pero entonces deberá reducir en la misma cantidad la materia grasa del plato principal (véase cuadro pág. 247).

❖ Crema de champiñones (4 personas)

1 litro de agua
400 g de champiñones
2 cucharadas de maicena
200 ml de leche semidescremada
Sal y pimienta

Lave y pele los champiñones. Sumérjalos en agua fría y póngalos a cocer con la tapadera durante 30 a 40 minutos. Pase los champiñones por el pasapurés y sazónelos. Deslíe la maicena en leche fría, añádala a los champiñones y hágala espesar a fuego lento. Puede preparar esta misma crema de verdura con coliflor, espinacas, tomates, puerros, etc.

❖ Crema de zanahoria y apio (4 personas)

600 g de zanahorias
2 ramas de apio
100 g de requesón con un 0 a 20% de MG
Pimienta

Lave, pele y corte las zanahorias a rodajas. Lave y corte a rodajas las ramas de apio. Cueza las verduras durante 25 minutos en agua con sal. Después páselas por la batidora con el requesón, sazone y sirva caliente.

❖ Crema de puerros y calabacines (4 personas)

200 g de puerros limpios
600 g de calabacines
15 cl de leche semidescremada
Sal y pimienta

Lave, corte a rodajas y cueza las verduras durante 30 minutos en agua con sal. Después páselas por la batidora con la leche, sazone y sirva caliente.

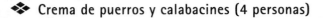

La volatería

❖ Pechugas de pollo «tandoori» (4 personas)

4 pechugas de pollo de unos 100 g
2 cucharadas de polvo de tandoori
1 yogur natural
1 limón
2 dientes de ajo
Sal y pimienta

Exprima el limón. Pele y pique los dientes de ajo. Mezcle el yogur con el polvo de tandoori, el limón, sal y pimienta. Cubra las pechugas de pollo con este preparado y déjelas en adobo durante una hora en el refrigerador. Precaliente el horno con el termostato a 7. Coloque las pechugas de pollo en el horno durante 30 minutos (o en la barbacoa, o en una sartén con revestimiento antiadherente).
Estas pechugas de pollo son especialmente sabrosas en frío.

❖ NUESTRA PROPUESTA:
Sirva este plato con un caviar de berenjena (véase pág. 248).

• Este plato no contiene materia grasa. Puede cocinar los trozos de pollo en 4 cucharadas de aceite de oliva (para 4 personas), pero entonces no utilice materia grasa para los demás platos de la comida.

Nuestra sugerencia de alimento feculento para el plato completo de la etapa de «plena forma»: el arroz se adapta especialmente bien a la salsa de este plato.

❖ Pollo con champiñones (4 personas)

600 g de pechuga de pollo
2 tomates
600 g de champiñones
1 limón
1 cebolla
2 dientes de ajo
25 cl de caldo de ave desgrasado (véase pág. 224)
Sal y pimienta

Corte la carne en cuadrados y triture los tomates. Pele y pique la cebolla y el ajo. Después de lavar y cortar los extremos terrosos, corte los champiñones en láminas y rocíelos con unas gotas de limón para que no se ennegrezcan. Coloque los champiñones en una olla con revestimiento antiadherente. Sazone con sal y pimienta, cúbralos y déjelos cocer a fuego lento hasta que hayan perdido el agua. Después escúrralos y resérvelos.

Rehogue la cebolla con una cucharada de agua en una cacerola con revestimiento antiadherente. Añada el pollo, los tomates, los champiñones, el ajo, el caldo de ave, sal y pimienta. Cueza a fuego lento con la tapadera durante 20 minutos.

❖ NUESTRA PROPUESTA:

Este plato ya contiene verduras.

• Este plato no contiene materia grasa. Puede rehogar la cebolla y el resto de los ingredientes con 4 cucharadas de aceite de oliva (para 4 personas), pero entonces no utilice materia grasa para los otros platos de la comida.

Nuestra sugerencia de alimento feculento para el plato completo de la etapa de «plena forma»: prepare este plato con sémola de trigo.

❖ Pollo dos pimientos (4 personas)

4 trozos de pollo (muslo, contramuslo, ala, pechuga)
3 pimientos rojos
3 pimientos verdes
2 dientes de ajo
25 cl de caldo de ave desgrasado (véase pág. 224)
Tomillo y laurel
Sal y pimienta

Lave y quite las nervaduras blancas de los pimientos y después córtelos a tiras. Rehogue los trozos de pollo por todas sus caras en una cacerola con revestimiento antiadherente. Sazone con sal y pimienta. Añada los pimientos, el ajo picado, el tomillo, el laurel y el caldo de ave. Déjelo cocer con la tapadera a fuego lento durante 45 minutos.

❖ NUESTRA PROPUESTA:
Este plato ya contiene verduras.

• Este plato no contiene materia grasa. Puede rehogar los trozos de pollo con 4 cucharadas de aceite de oliva (para 4 personas), pero entonces no utilice materia grasa para los otros platos de la comida.

Nuestra sugerencia de alimento feculento para el plato completo de la etapa de «plena forma»: la pasta fresca se adapta especialmente bien a la salsa de este plato.

❖ Muslo de pintada con salsa de pimiento verde (4 personas)

4 muslos de pintada (o, en su defecto, de pavo o pollo)
150 g de crema de leche fresca ligera con un 15% de MG
20 cl de caldo de ave desgrasado (véase pág. 224)
10 cl de vino blanco
1 cucharada de pimienta verde
Sal y pimienta
15 g de maicena

Rehogue en una cacerola con revestimiento antiadherente los muslos de pintada por todas sus caras. Sazone con sal y pimienta, cubra y deje cocer a fuego lento durante 20 minutos. Después vierta el vino blanco en la cacerola así como el caldo de ave, la sal y la pimienta verde. Cúbralo y déjelo cocer a fuego lento durante 20 minutos. Reserve los muslos calientes y prepare la salsa con el zumo de la cocción; añádale la crema de leche y la maicena desleída en un poco de agua fría. Hágala espesar 1 o 2 minutos a fuego suave, añada los muslos y cúbralos con la salsa.

❖ NUESTRA PROPUESTA:
Sirva este plato con brécoles cocidos al vapor.

• Este plato contiene media ración de materia grasa por persona. Todavía puede utilizar la otra media ración (véase cuadro pág. 247) para los demás platos de la comida, es decir, una bolita de mantequilla (5 g), o una cucharadita de aceite, o una cucharada de crema de leche fresca entera (15 g), o dos de crema de leche fresca ligera (30 g).

Nuestra sugerencia de alimento feculento para el plato completo de la etapa de «plena forma»: las patatas al vapor se adaptan especialmente bien a la salsa de este plato.

La carne blanca

❖ Salteado de ternera a la vasca (4 personas)

600 g de ternera (espalda)
4 pimientos verdes
6 tomates
1 cebolla
2 dientes de ajo
2 pimientos de cayena pequeños
1 manojo de albahaca
16 aceitunas negras
Sal y pimienta

Lave y corte los tomates en 8 partes. Pique la cebolla y los dientes de ajo. Lave los pimientos, quíteles las nervaduras blancas y córtelos a dados grandes. Corte la ternera en cubos grandes. Rehóguela en una cacerola con revestimiento antiadherente por todas sus caras y sazónela con sal y pimienta. Después añada la cebolla, el ajo, los pimientos, los tomates y los pimientos de cayena. Póngala a fuego lento durante 30 minutos; 5 minutos antes del final de la cocción, añada las aceitunas y la albahaca picada.

❖ NUESTRA PROPUESTA:
Este plato ya contiene verduras.

• Este plato contiene media ración de materia grasa por persona (debido a la presencia de las aceitunas). Todavía puede utilizar la otra media ración para los demás platos de la comida, es decir, una bolita de mantequilla (5 g), o una cucharadita de aceite, o una cucharada de crema de leche fresca entera (15 g), o dos de crema de leche fresca ligera (30 g).

Nuestra sugerencia de alimento feculento para el plato completo de la etapa de «plena forma»: pruebe el trigo (bulgur o Ebly) con este plato.

❖ Guiso de ternera lechal con salsa bechamel (6 personas)

400 g de espalda de ternera

3 zanahorias

1 puerro limpio

350 g de champiñones

1 rama de apio

1 cebolla con clavos de especia insertados

1 limón

1 yema de huevo

60 g de maicena

Tomillo y laurel

Sal y pimienta

Lave, pele y corte a rodajas las verduras (zanahorias, puerro, cebolla y apio). Corte la carne en pedazos grandes. Ponga la carne y la verdura en una olla y cúbralas con agua. Añada el tomillo, el laurel, la cebolla con los clavos, sal y pimienta, y déjelo cocer a fuego lento durante una hora.

Lave los champiñones y quíteles los extremos terrosos. Córtelos en 4 u 8 pedazos según su tamaño. Cuézalos con la tapadera a fuego lento con el zumo de limón (sal y pimienta) durante unos 15 minutos. Resérvelos.

Escurra la carne y manténgala caliente. Filtre el líquido de cocción y guarde 80 cl. Reserve las zanahorias. Prepare una salsa bechamel ligera con la maicena: diluya la maicena en un poco de agua fría, viértala lentamente en el líquido hirviendo sin dejar de remover. Añada la yema de huevo. A continuación añada la carne, las zanahorias y los champiñones. Rectifique de sal.

❖ **N**UESTRA **PROPUESTA**:

Sirva este plato con judías verdes cocidas al vapor.

• Este plato no contiene materia grasa. Puede elegir hacer una salsa bechamel clásica con 40 g de mantequilla, 40 g de harina y unos 60 a 80 cl de líquido de cocción (en lugar de utilizar maicena), pero entonces no debe utilizar materia grasa para los otros platos de la comida.

Nuestra sugerencia de alimento feculento para el plato completo de la etapa de «plena forma»: el arroz blanco es especialmente adecuado para la salsa de este plato.

❖ Conejo a la cazuela (4 personas)

4 muslos de conejo

4 tomates

2 zanahorias

1 rama de apio

1 cebolla

2 dientes de ajo

120 g de dados de pato ahumado

30 cl de caldo de ave desgrasado (véase pág. 224)

10 cl de vino blanco

Sal y pimienta

Corte los tomates en cuatro partes, las zanahorias a rodajas y el apio a trocitos. Pique la cebolla y los dientes de ajo. Rehogue los muslos de conejo por todas las caras en una cacerola con revestimiento antiadherente. Sazone con sal y pimienta. Añada la cebolla, el ajo, las verduras, los dados de pato, el caldo de ave y el vino blanco. Déjelo cocer 1 hora a fuego lento y con tapadera.

❖ NUESTRA PROPUESTA:

Sirva este plato con nabos cocidos al vapor.

• Este plato no contiene materia grasa. Puede rehogar los trozos de conejo con 4 cucharadas de aceite (para 4 personas), pero entonces no debe utilizar materia grasa para los otros platos de la comida.

Nuestra sugerencia de alimento feculento para el plato completo de la etapa de «plena forma»: la pasta fresca se adapta especialmente al conejo.

❖ Lomo de cerdo adobado con frutas exóticas
(4 personas)

400 g de lomo de cerdo
Adobo: 1 cucharada de miel, 2 cucharadas de salsa de soja, 2 cucharadas de vinagre, sal y pimienta.

Mezcle los ingredientes del adobo. Corte la carne en cubos y déjela en adobo durante un día. Escurra la carne pero conserve el adobo. Rehogue los pedazos de carne por todas las caras en una sartén con revestimiento antiadherente durante 5 minutos (tenga cuidado de no quemarla), añada el adobo y déjelo reducir a fuego lento durante 10 minutos.

❖ NUESTRA PROPUESTA:

Sirva este plato con judías verdes, y trozos de piña y mango asados.

• Este plato no contiene materia grasa. Puede rehogar los trozos de cerdo con 4 cucharadas de aceite de oliva o de cacahuete (para 4 personas), pero entonces no debe utilizar materia grasa para los otros platos de la comida. *Nuestra sugerencia de alimento feculento para el plato completo de la etapa de «plena forma»*: el arroz basmati es un buen acompañamiento para este sabroso plato.

❖ Lomo de cerdo al limón (4 personas)

600 g de lomo de cerdo
4 limones
1 pedazo pequeño de jengibre fresco
4 dientes de ajo
25 cl de caldo de ave desgrasado (véase pág. 224)
Tomillo
Sal y pimienta

Exprima los limones. Pele y corte el jengibre a láminas. Pele y pique los dientes de ajo.

Dore los trozos de lomo por todas sus caras en una cacerola con revestimiento antiadherente. Sazone con sal y pimienta. Añada el zumo de limón y el caldo de ave. Añada el jengibre, el tomillo y el ajo; sazone con sal y pimienta. Déjelo cocer a fuego lento con la tapadera durante una hora y media.

❖ Nuestra propuesta:
Sírvalo con un puré de calabacines: cueza 1 kg de calabacines cortados a rodajas en agua con sal. Páselos por la batidora con 2 dientes de ajo, 4 cucharadas de crema de leche fresca ligera con un 15% de MG, sal y pimienta.

• Este plato contiene media ración de materia grasa por persona (por la presencia de la crema de leche fresca del puré de calabacín). Todavía puede utilizar la otra media ración para los demás platos de la comida, es decir, una bolita de mantequilla (5 g), o una cucharadita de aceite, o una cucharada de crema de leche fresca entera (15 g), o dos de crema de leche fresca ligera (30 g).

Nuestra sugerencia de alimento feculento para el plato completo de la etapa de «plena forma»: sirva este plato con sémola de trigo.

❖ Cerdo con col (4 personas)

500 g de lomo de cerdo semisalado
1 cebolla con 10 clavos de especia insertados
Pimienta en grano
Bayas de enebro
1 col (rizada o verde)
25 cl de vino blanco seco
2 dientes de ajo
150 g de dados de pato ahumado
40 g de mantequilla

Ponga el lomo de cerdo en una cacerola grande y cúbralo con agua. Añada la cebolla, los granos de pimienta y las bayas de enebro. Déjelo hervir a fuego lento durante una hora y media.

Mientras tanto, lave y prepare las hojas de la col. Sumérjalas en agua hirviendo con sal y déjelas hervir durante 15 minutos. Escúrralas y enfríelas con agua fría. Corte las hojas de la col a tiras. Rehogue las tiras de col con la mantequilla. Añada los dados de pato ahumado, los dientes de ajo machacados y el vino blanco, sazone con sal y pimienta, cubra y deje cocer a fuego lento removiendo de vez en cuando durante 30 minutos.

Sirva el lomo cortado en trozos delgados sobre un lecho de col.

❖ Nuestra propuesta:
Este plato ya contiene verdura.

• Este plato ya contiene materia grasa (la mantequilla de la col).

Nuestra sugerencia de alimento feculento para el plato completo de la etapa de «plena forma»: las patatas al vapor casan especialmente bien con la col.

La carne roja

❖ Chile con carne (4 personas)

300 g de buey para asar (lomo)
600 g de judías pintas (de bote)
10 tomates
4 cebollas
4 dientes de ajo
2 chiles pequeños
1 cucharadita de pimentón
1 cucharadita de comino en polvo
1 cucharadita de orégano
Sal y pimienta

Corte los tomates en cubos. Pele y pique las cebollas y los dientes de ajo.

Rehogue la carne cortada en cubos en una olla con revestimiento anti-adherente. Añada la cebolla, el ajo, el pimentón, el chile, el comino, el orégano, el tomate, las judías pintas, sal y pimienta. Cúbralo con agua. Déjelo cocer a fuego lento durante aproximadamente 1 hora con la tapadera.

Sirva con tabasco.

❖ NUESTRA PROPUESTA:
Este plato ya contiene verdura (los tomates).

• Este plato no contiene materia grasa. Puede rehogar los trozos de buey con 4 cucharadas de aceite de cacahuete (para 4 personas), pero entonces no debe utilizar materia grasa para los otros platos de la comida.

Debido a la presencia de un alimento feculento (las judías pintas), esta receta no se recomienda para la etapa de «gran velocidad»; debe reservarse para la etapa de «plena forma».

❖ Cocido (6 personas)

900 g de buey para asar (paletilla, espaldilla, gemelos)
1 manojo de zanahorias (500 g)
4 puerros
5 nabos
2 ramas de apio
Tomillo y laurel
1 cebolla con clavos de especia insertados
2,5 litros de caldo de verdura o de cocido desgrasado (en cubitos)

Corte la carne en cubos grandes. Lave y corte a trozos las zanahorias, los puerros y el apio. Lave y corte los nabos en cuatro.
Lleve las verduras a ebullición. Añada la cebolla con los clavos de especia clavados, el tomillo, el laurel, la carne y la verdura. Déjelo cocer a fuego lento durante una hora y media sacando regularmente la espuma. Rectifique de sal. Sirva muy caliente con perejil picado por encima.

❖ NUESTRA PROPUESTA:
Este plato ya contiene verdura.

• Este plato no contiene materia grasa. Puede servir las verduras con una bolita de mantequilla fresca por persona (10 g), pero entonces no debe utilizar materia grasa para los otros platos de la comida.

Nuestra sugerencia de alimento feculento para el plato completo de la etapa de «plena forma»: las patatas al vapor casan especialmente bien con este plato de invierno.

❖ Cuscús (8 personas)

600 a 800 g de espalda de cordero deshuesada
4 calabacines
2 pimientos rojos
2 pimientos verdes
4 zanahorias
4 nabos
1 bote pequeño de garbanzos
2 botes pequeños de concentrado de tomate
Especias: raz de Hanoud, especias para cuscús.
Orégano, chiles sin semillas
Sal y pimienta
500 g de sémola de trigo media
Uvas pasas

Rehogue la carne por todas sus caras en una olla con revestimiento antiadherente. Sazone con sal y pimienta. Durante este tiempo, lave y corte las verduras en dados grandes (retire las nervaduras blancas del interior de los pimientos). Coloque la carne en el recipiente para cuscús, añada las verduras y el concentrado de tomate, y después cúbralo con agua. Añada las especias, el orégano y los pimientos a su gusto. Cubra y deje cocer a fuego lento al menos durante una hora (pruebe la salsa para rectificar de sal).

Durante este tiempo, cueza la sémola; para ello, déjela hinchar durante 5 minutos en 50 cl de agua hirviendo con sal (tapada); 30 minutos antes del final de la cocción de la carne y las verduras, ponga la sémola rodeada por un paño en la parte superior del recipiente para cuscús con las uvas pasas.

❖ **NUESTRA PROPUESTA:**
Este plato ya contiene verdura.

• Este plato no contiene materia grasa. Puede rehogar los pedazos de cordero en 4 cucharadas de aceite de oliva (para 8 personas), pero entonces no debe utilizar materia grasa para los otros platos de la comida.

Debido a la presencia de un alimento feculento (la sémola de trigo), esta receta no se recomienda para la etapa de «gran velocidad»; debe reservarse para la etapa de «plena forma».

❖ Cordero a la cúrcuma (4 personas)

600 g de espalda de cordero deshuesada (o de pierna)
1 yogur natural
2 cebollas
2 dientes de ajo
1 cucharada de cúrcuma
4 vainas de cardamomo
1 trozo de jengibre fresco
1 pizca de pimienta de cayena
1 lima (o medio limón)
25 cl de caldo de ave desgrasado (véase pág. 224)
1 manojo de cilantro
Sal y pimienta

Extraiga las semillas del cardamomo. Pase por la batidora los dientes de ajo, las semillas de cardamomo, la cúrcuma, la pimienta, el yogur y el zumo de limón. Sazone con sal y pimienta. Corte la carne y póngala en adobo durante al menos medio día con la mezcla de especias. Pele y pique la cebolla. Lave y separe las hojas del cilantro. Rehogue la carne en una cacerola con revestimiento antiadherente y después añada la cebolla, el resto del adobo y el caldo de ave. Déjelo cocer a fuego lento durante 45 minutos; 10 minutos antes del final de la cocción, añada el cilantro ligeramente picado.

❖ NUESTRA PROPUESTA:

Sirva este plato con una mezcla de coliflor y brécoles cocidos al vapor.

• Este plato no contiene materia grasa. Puede rehogar los pedazos de cordero en 4 cucharadas de aceite de oliva (para 4 personas), pero entonces no debe utilizar materia grasa para los otros platos de la comida.

Nuestra sugerencia de alimento feculento para el plato completo de la etapa de «plena forma»: sirva este plato oriental con trigo integral.

El pescado

❖ Filete de fletán con verdura (4 personas)

4 filetes de fletán de 100-150 g
1 cebolla
1 bulbo de hinojo
4 tomates
4 calabacines
Sal y pimienta
Caldo corto

Lave y corte las verduras; la cebolla y los calabacines en rodajas, los tomates en cuatro, y el hinojo a dados pequeños.

Rehogue la cebolla en una sartén con revestimiento antiadherente con un poco de agua. Añada las verduras, sazone con sal y pimienta, cúbralo y déjelo cocer durante 30 minutos. Durante este tiempo, cueza el fletán con un caldo corto. Sirva el pescado sobre la verdura.

❖ NUESTRA PROPUESTA:
Este plato ya contiene verdura.

● Este plato no contiene materia grasa. Puede rehogar la verdura en 4 cucharadas de aceite de oliva o de cacahuete (para 4 personas), pero entonces no debe utilizar materia grasa para los otros platos de la comida.

Nuestra sugerencia de alimento feculento para el plato completo de la etapa de «plena forma»: la sémola de trigo casa especialmente bien con las verduras de este plato.

❖ Lomos de bacalao fresco asados con cebolla (4 personas)

4 lomos de bacalao fresco de unos 200 g
4 cebollas
2 pimientos pequeños
40 cl de caldo de ave (véase pág. 224)
Sal y pimienta

Precaliente el horno con el termostato a 6. Ponga el bacalao en una bandeja, sazónelo con sal y pimienta, e introdúzcalo en el horno durante unos 30 minutos. Durante este tiempo, corte las cebollas en rodajas. Póngalas en una cacerola con el caldo de ave, los pimientos, sal y pimienta y llévelo a ebullición. Cubra, baje el fuego y deje cocer durante unos 45 minutos. Sirva con los lomos de bacalao.

❖ NUESTRA PROPUESTA:
Sirva este plato con tomates al horno.

• Este plato contiene un poco de materia grasa (la del caldo de ave). Puede adobar las cebollas en 2 cucharadas de aceite de oliva o de cacahuete (para 4 persona) antes de añadirlas al caldo de ave, pero entonces no debe utilizar materia grasa para los otros platos de la comida.

Nuestra sugerencia de alimento feculento para el plato completo de la etapa de «plena forma»: el arroz casa especialmente bien con este plato.

❖ Vieiras a la naranja (4 personas)

16 a 24 vieiras (unos 400-600 g de carne)
El zumo de dos naranjas
15 cl de vino blanco
2 cucharadas de cebollino cortado
Maicena
Sal y pimienta

Ponga a hervir la mezcla de zumo de naranja y vino blanco (sazonado con el cebollino) durante 30 minutos. Introduzca las vieiras durante 4 minutos. Escúrralas y resérvelas calientes. Tome el zumo (unos 25 cl) y líelo con 15 g de maicena (previamente diluida en agua fría y después mezclada con el líquido hirviendo). Cubra las vieiras con la salsa.

❖ Nuestra propuesta:

Sirva este plato con crema de puerros: 500 g de la parte blanca de puerros (es decir, 1 kg de puerros enteros) cocidos en una olla con un poco de agua con sal, a los que después se añaden 100 g de crema de leche fresca ligera con un 15% de MG.

• Este plato contiene media ración de materia grasa por persona (la crema de leche de los puerros). Todavía puede utilizar la otra media ración para los demás platos de la comida, es decir, una bolita de mantequilla (5 g), o una cucharadita de aceite, o una cucharadita de crema de leche fresca entera (15 g), o una cucharada de crema de leche fresca ligera (30 g).

Nuestra sugerencia de alimento feculento para el plato completo de la etapa de «plena forma»: el arroz blanco se adapta especialmente bien a la salsa de este plato.

❖❖ «Choucroute» con salmón (4 personas)

1,5 kg de choucroute *[col fermentada] cruda*
4 filetes de 100 g de lomo de salmón
8 semillas de enebro
40 cl de vino blanco (Riesling)
Sal y pimienta

Lave la *choucroute* con agua corriente y presiónela con las manos para escurrirla. Cuézala aproximadamente 1 hora al vapor con las semillas de enebro y el vino blanco. Al cabo de 45 minutos, añada el salmón al recipiente del vapor, sazone con sal y pimienta.

❖❖ NUESTRA PROPUESTA:
Este plato ya contiene verdura

• Este plato contiene salmón, un pescado graso. ¿Por qué no prescindir de la materia grasa en los demás platos de la comida?

Nuestra sugerencia de alimento feculento para el plato completo de la etapa de «plena forma»: las patatas cocidas al vapor o al horno con piel se adaptan especialmente bien a este plato.

❖ Filetes de lenguado en salsa blanca (4 personas)

8 filetes de lenguado de unos 100 g cada uno
2 escalonias
20 cl de caldo de pescado
20 cl de vino blanco
1 limón
25 g de maicena
Sal y pimienta

Pele las escalonias y córtelas. Rehóguelas con una cucharada de agua en una sartén con revestimiento antiadherente. Añada el caldo de pescado y el vino blanco, y después los filetes de lenguado congelados. Llévelos a ebullición y déjelos cocer durante 3 a 5 minutos.

Reserve los filetes calientes y reduzca el líquido de cocción. Fíltrelo y después tome 30 cl de líquido. Haga una salsa blanca ligera con la maicena. Rectifique de sal, añada un chorrito de limón y sirva con los filetes de lenguado.

❖ NUESTRA PROPUESTA:
Sirva este plato con hinojo asado.

• Este plato no contiene materia grasa. Puede elaborar una salsa bechamel clásica con 40 g de mantequilla, 40 g de harina (en lugar de la maicena) y 40 cl de líquido de cocción, pero entonces no debe utilizar materia grasa para los demás platos de la comida.

Nuestra sugerencia de alimento feculento para el plato completo de la etapa de «plena forma»: las patatas al vapor se adaptan especialmente bien a la salsa de este plato.

Los huevos

- Los huevos son ricos en materia grasa, por lo tanto, es preferible no utilizar materia grasa para los demás platos de la comida.

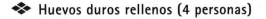 Huevos duros rellenos (4 personas)

8 huevos duros
100 g de jamón cocido
2 cucharadas de cebollino
100 g de requesón con un 0 o 20% de MG
Sal y pimienta

Corte los huevos por la mitad a lo largo. Quite la yema y mézclela con el jamón, el cebollino y el requesón. Sazone con sal y pimienta, y rellene las claras con una manga de pastelero.

NUESTRA PROPUESTA:
Sirva este plato con una sopa de verduras (véanse págs. 37 a 39).

Nuestra sugerencia de alimento feculento para el plato completo de la etapa de «plena forma»: sirva este plato acompañado de patatas con piel.

❖ Revuelto de gambas (4 personas)

8 huevos
1 cucharada de requesón con un 0 o 20% de MG
8 gambas grandes
Sal y pimienta

Prepare los huevos revueltos en una sartén con revestimiento antiadherente. Añada el requesón, sal y pimienta. Espolvoree con cebollino picado y sirva muy caliente en una bandeja rodeada por las gambas.

❖ NUESTRA PROPUESTA:

Sirva este plato con una ratatouille (véase pág. 290).

Nuestra sugerencia de alimento feculento para el plato completo de la etapa de «plena forma»: el trigo integral se adapta especialmente bien a la ratatouille que acompaña a estos huevos revueltos.

Los platos compuestos

Los platos compuestos que se proponen en estas páginas son fáciles de elaborar y ligeros de contenido, pero resultan tan sabrosos como los platos tradicionales. Excepto en los dos últimos, se utilizan alimentos feculentos y, por lo tanto, deben reservarse para la etapa de «plena forma».

❖ Tallarines a la carbonara (4 personas)

200 a 300 g de tallarines (peso crudo)
150 g de cuadraditos de pato ahumado
4 escalonias grandes
4 cucharadas de vino blanco
120 g de crema de leche fresca ligera con un 15% de MG (4 cucharadas)
60 g de emmental rallado
Sal y pimienta

Cueza los tallarines en abundante agua con sal. Durante este tiempo, limpie y corte las escalonias (en pedacitos muy pequeños). Rehóguelas en una sartén con revestimiento antiadherente con un poco de agua durante 15 minutos para que queden blandas. Cuando estén traslúcidas, añada el pato cortado en pequeños dados. Mézclelo bien. Vierta el vino blanco y déjelo hervir unos segundos. Después añada la crema de leche fresca. Caliéntelo unos 2 minutos, compruebe la sal y sírvalo con los tallarines y el queso rallado.

❖ **NUESTRA PROPUESTA:**
Sirva este plato con una ensalada verde aderezada con una salsa de yogur blanco (véase pág. 209).

● Este plato ya contiene materia grasa. Por lo tanto, no debe utilizar materia grasa para los demás platos de la comida.

Debido a la presencia de un alimento feculento (la pasta), esta receta no se recomienda en la etapa de «gran velocidad»; debe reservarse para la etapa de «plena forma».

❖ Espaguetis boloñesa (4 personas)

200 a 300 g de espaguetis (peso crudo)
200 g de carne picada de buey con un 5% de MG
12 tomates
4 cebollas grandes
4 dientes de ajo
2 cucharadas de aceite de oliva o de cacahuete
20 cl de vino blanco
Sal y pimienta

Cueza los espaguetis en un gran volumen de agua con sal.

Pele y trocee los tomates. Pique la cebolla y los dientes de ajo. Rehogue la cebolla y el ajo en el aceite con la carne picada. Después, sazone con sal y pimienta. Añada el vino blanco y los tomates. Mézclelo todo bien y caliente la salsa. Sírvalo con la pasta.

❖ **NUESTRA PROPUESTA:**
Este plato ya contiene verdura (los tomates).

● Este plato contiene media ración de materia grasa por persona. Puede utilizar la otra media ración para los demás platos de la comida, es decir, una bolita de mantequilla (5 g), o una cucharadita de aceite, o una cucharada de crema de leche fresca entera (15 g), o dos de crema de leche fresca ligera (30 g).

Debido a la presencia de un alimento feculento (la pasta), esta receta no se recomienda en la etapa de «gran velocidad»; debe reservarse para la etapa de «plena forma».

❖ Sándwich de jamón y queso (4 personas)

8 rebanadas de pan de molde (normal o integral)
4 lonchas de jamón cocido
60 g de gruyère rallado
1 huevo
2 tomates
20 cl de leche descremada
Sal y pimienta

Mezcle la leche con el huevo entero. Sazone con sal y pimienta. Corte los tomates en rodajas. Tome una rebanada de pan y embébala ligeramente por las dos caras con la mezcla de leche y huevo. Ponga la rebanada en un plato, coloque encima la loncha de jamón, $1/4$ del gruyère, 3-4 rodajas de tomate, la otra loncha de jamón y después otra rebanada de pan embebido. Repita la operación para elaborar los otros tres sándwiches.

Después caliente las dos caras de cada sándwich en un aparato especial o en una sartén con revestimiento antiadherente (ligeramente aceitada y secada con un papel de cocina).

❖ NUESTRA PROPUESTA:

Sirva este plato con una ensalada verde mezclada con tomate cortado a dados (prevea 1 cucharadita de mostaza, 1 o 2 cucharaditas de vinagre y 1 cucharada de aceite para aliñarla).

• Este plato ya contiene materia grasa (el queso rallado y el aliño de la ensalada). Por lo tanto, no debe utilizar materia grasa para los demás platos de la comida.

Debido a la presencia de un alimento feculento (el pan), esta receta no se recomienda en la etapa de «gran velocidad»; debe reservarse para la etapa de «plena forma».

❖ Patatas con piel rellenas de cebollino
(4 personas)

4 a 6 patatas grandes
200 g de requesón con un 0 a 20% de MG
2 huevos duros
2 cucharaditas de mostaza
4 cucharadas de cebollino
Sal y pimienta

Cueza las patatas enteras al horno con el termostato en 7 durante unos 45 a 60 minutos. Durante este tiempo, aplaste con el tenedor los huevos duros y mézclelos con el requesón, el cebollino y la mostaza. Sazone con sal y pimienta. Corte las patatas a lo largo y rellénelas con el preparado.

❖ NUESTRA PROPUESTA:

Sirva este plato con calabacines cocidos al vapor o con una buena ensalada verde.

• Este plato no contiene materia grasa. Puede sustituir el requesón por 4 cucharadas de crema de leche fresca ligera con un 15 por ciento de MG; le quedará media ración de materia grasa para utilizar donde quiera en su comida, o bien una bolita de mantequilla (5 g), o bien una cucharadita de aceite, o una cucharada de crema de leche fresca entera (15 g), o dos de crema de leche fresca ligera (30 g).

Debido a la presencia de un alimento feculento (las patatas), esta receta no se recomienda en la etapa de «gran velocidad»; debe reservarse para la etapa de «plena forma».

❖ Lentejas con pato ahumado (4 personas)

200 a 250 g de lentejas secas
200 g de dados de pato ahumado
1 cebolla con clavos de especia insertados
1 zanahoria
Sal y pimienta

Ponga las lentejas en una cacerola con la zanahoria cortada en rodajas, la cebolla con los clavos de especia y 5 veces su volumen de agua. Cuézalas durante 50 minutos a fuego lento tapadas. Después añada los dados de pato ahumado y déjelo cocer todavía 5 minutos. Sazone con sal y pimienta.

❖ NUESTRA PROPUESTA:
Sirva este plato con judías verdes.

• Este plato no contiene materia grasa. Puede rehogar las lentejas al principio en 4 cucharadas de aceite de oliva o de cacahuete (para 4 personas), pero entonces no debe utilizar materia grasa para los demás platos de la comida.

Debido a la presencia de un alimento feculento (las lentejas), esta receta no se recomienda en la etapa de «gran velocidad»; debe reservarse para la etapa de «plena forma».

❖ Tomates rellenos (4 personas)

8 tomates grandes
600 g de carne picada de buey
2 calabacines pequeños
2 huevos
4 escalonias
2 dientes de ajo
Perejil picado
Sal y pimienta

Corte la parte superior de los tomates. Vacíelos, sazone con sal el interior y colóquelos en una parrilla.

Lave los calabacines. Páselos por la batidora junto con las escalonias, los dientes de ajo y el perejil. Mézclelo con los huevos, la carne picada, sal y pimienta.

Rellene los tomates formando un montoncito, recúbralos con la parte superior del tomate y póngalos al horno con el termostato en 7 durante 30 minutos.

❖ NUESTRA PROPUESTA:
Este plato ya contiene verdura.

• Este plato no contiene materia grasa. Puede rociar los tomates con 4 cucharadas de aceite de oliva (para 4 personas) justo antes de introducirlos en el horno, pero entonces no debe utilizar materia grasa para los demás platos de la comida.

Nuestra sugerencia de alimento feculento para el plato completo de la etapa de «plena forma»: sirva este plato con arroz blanco o sémola de trigo.

❖ Gratinado de puerros con jamón (4 personas)

8 puerros (la parte blanca)
8 lonchas de jamón cocido
40 cl de leche semidescremada
30 g de maicena
60 g de emmental rallado

Precaliente el horno con el termostato en 7. Cueza los puerros en un recipiente con agua. Prepare una salsa bechamel ligera con la maicena; para ello, diluya la maicena en agua fría y después viértala en la leche hirviendo sin dejar de remover. Deje que se espese durante 1 minuto a fuego lento y sazone. Rodee cada puerro con una loncha de jamón, dispóngalos en una bandeja, cúbralos con la bechamel y el emmental y métalos en el horno durante 30 minutos.

❖ NUESTRA PROPUESTA:
Este plato ya contiene verdura.

• Este plato contiene media ración de materia grasa por persona. Puede utilizar la otra media ración en otros platos de la comida, o bien una bolita de mantequilla (5 g), o bien una cucharadita de aceite, o una cucharada de crema de leche fresca entera (15 g), o dos de crema de leche fresca ligera (30 g).

Nuestra sugerencia de alimento feculento para el plato completo de la etapa de «plena forma»: el bulgur o el trigo precocido (Ebly) se adaptan especialmente bien con la salsa de este plato.

Las verduras

❖ Tomates a la provenzal (2 personas)

4 tomates grandes (o más si se lo dicta el corazón...)
1 manojo de perejil
2 biscotes
4 dientes de ajo grandes

Corte los tomates por la mitad. Pique el perejil y el ajo, reduzca los biscotes a migas y mézclelos con el picadillo. Coloque esta mezcla sobre los tomates, sazone con sal y pimienta y métalos en el horno con el termostato en 8 para gratinarlos.

❖ NUESTRA PROPUESTA:
Para realizar esta receta con materia grasa, proceda de la misma manera, pero vierta un chorrito de aceite de oliva sobre los tomates antes de meterlos en el horno (el equivalente de una cucharada por persona).

Nuestra sugerencia de alimento feculento para el plato completo de la etapa de «plena forma»: los tomates a la provenzal son excelentes con un plato de pasta (espaguetis, tallarines, etc.).

❖ Ratatouille (2 personas)

6 tomates
1 calabacín de tamaño medio
1 berenjena
2 pimientos (1 rojo y 1 verde)
2 cebollas
4 dientes de ajo
Ramillete (ramitas de perejil, tomillo y laurel atados)
Orégano, sal y pimienta

Corte los tomates[1] en pedazos grandes. Corte el calabacín, la berenjena y los pimientos a dados. Corte la cebolla a rodajas y pique los dientes de ajo. En una olla con revestimiento antiadherente, rehogue las cebollas con un poco de agua y después añada las verduras, el ramillete y el orégano. Sazone con sal y pimienta, y déjelo cocer a fuego lento con la tapadera durante aproximadamente una hora. Las verduras deben estar muy blandas. Rectifique de sal.

Para ganar tiempo, también puede utilizar los tomates ya triturados que se venden en el comercio.

❖ NUESTRA PROPUESTA:

Para realizar esta receta con materia grasa, es preferible utilizar aceite de oliva. Utilice 2 cucharadas para las cantidades indicadas. Rehogue cada verdura con un poco de aceite y después retírelas del fuego; proceda de esta manera para los calabacines, la berenjena, los pimientos y la cebolla. Después, introduzca todas las verduras en la olla y añada por último los tomates, el ajo, las especias y el ramillete.

Nuestra sugerencia de alimento feculento para el plato completo de la etapa de «plena forma»: la ratatouille casa muy bien con numerosos ali-

---

1. Si quiere quitarle la piel a los tomates, vea la página 245.

mentos feculentos, porque es untuosa y aporta un aspecto blando. Puede elegir entre el arroz, la pasta, la sémola, las legumbres, el trigo o las patatas al vapor.

Los postres

❖ Manzanas merengadas con frutos rojos (4 personas)

4 manzanas
2 claras de huevo
1 cucharada de aspartamo
400 g de frutos rojos (fresas, frambuesas, grosellas, arándanos, etc.)

Precaliente el horno con el termostato en 6.

Corte las manzanas por la mitad y retire el corazón. Dispóngalas en una bandeja y métalas en el horno con el termostato en 6 durante 30 minutos.

Prepare una compota con los frutos rojos: cuézalos a fuego lento con 5 cl de agua y la mitad del aspartamo durante 5 minutos.

Haga un merengue: monte las claras a punto de nieve firme y mézclelo cuidadosamente con la otra mitad del aspartamo.

Una vez cocidas las manzanas, cúbralas con los frutos rojos y el merengue, baje el horno a 3 y gratine durante 15 minutos.

❖ Brocheta de fruta a la menta (4 personas)

200 g de fresas
200 g de kivis
200 g de melocotones
1 cucharada de aspartamo en polvo
El zumo de una naranja
Menta fresca
4 pinchos

Lave la fruta y pélela. Córtela en cubos y ensártela en los pinchos.

Mezcle el zumo de naranja con el aspartamo y unas hojas de menta fresca cortada. Rocíe la fruta con esta mezcla, cúbrala y déjela reposar en el refrigerador durante 1 hora.

❖ Flan de pera (4 personas)

250 g de leche descremada
2 huevos
2 peras
1 vaina de vainilla
2 cucharadas de edulcorante en polvo que soporte el calor (Kara)

Ponga a hervir la rama de vainilla con la leche. Pele, saque las pepitas y corte las peras en cuadrados pequeños. Dispóngalas en una bandeja ligeramente aceitada para horno. Mezcle la leche, los huevos y el edulcorante. Viértalo sobre las peras e introdúzcalo en el horno con el termostato en 6 durante 30 minutos. Puede hacer este flan con otras frutas: manzanas, cerezas, ciruelas, etc.

❖ Mousse de melocotón (2 personas)

2 melocotones
100 g de requesón con un 0% de materia grasa
1 clara de huevo
1 cucharada de edulcorante en polvo

Ponga los melocotones con el requesón y el edulcorante en la batidora. Monte la clara a punto de nieve e incorpórela cuidadosamente a la mezcla anterior. Métala en el refrigerador para que cuaje y sírvala muy fría.

❖ Fruta escalfada (2 personas)

300 g de fruta (2 peras, o 2 manzanas, o 4 albaricoques, o 4 ciruelas, o 3 rodajas de piña fresca)
1 rama de vainilla
1 cucharada de canela, nuez moscada
1 limón
1 cucharada de edulcorante en polvo

Ponga a hervir $^1/_4$ de litro de agua con las especias, la vainilla y el zumo de limón. Cueza la fruta entera durante aproximadamente 10 minutos a fuego lento. Endulce el jugo ligeramente enfriado con el edulcorante. Sírvalo con requesón aromatizado con la canela o una leche con vainilla. Puede apostar por la originalidad y utilizar anís estrellado, que dará un sabor ligeramente anisado a la fruta.

También puede elaborar unas peras al vino tinto sustituyendo el agua por $^1/_4$ de litro de vino tinto y prolongando la cocción 30 minutos más.

Para una cocción más rápida al microondas: hierva primero el agua con las especias durante 2 o 3 minutos al máximo. Después añada la fruta y déjela cocer durante 3 a 4 minutos más. A continuación, proceda de la misma manera que antes.

❖ Manzanas al horno con frambuesas (2 personas)

2 manzanas
50 g de frambuesas
2 cucharaditas de canela
1 cucharada de edulcorante en polvo que soporte el calor (Kara)

Quite el corazón de las manzanas y resérvelas enteras. Mezcle las frambuesas con la canela y el edulcorante. Rellene las manzanas con esta mezcla y métalas en el horno caliente con el termostato en 6 durante unos 30 minutos.

❖ Peras escalfadas a la naranja (2 personas)

2 peras
2 naranjas
Canela
1 rama de vainilla
Facultativo: 1 cucharada de edulcorante en polvo

Exprima las naranjas. Vierta el zumo en una cacerola y añada las peras cortadas por la mitad y sin pepitas, así como la canela y la rama de vainilla. Cuézalas a fuego lento durante 20 minutos. Al final de la cocción, puede añadir el edulcorante en polvo si lo desea.

Esta receta puede servirse tibia o fría. También puede elaborarla con otra fruta, como manzana, melocotón, fresa, etc.

❖❖ Fruta de invierno a la canela (4 personas)

1 manzana
1 pera
1 naranja
150 g de ruibarbo fresco
Canela

Pele y corte la fruta a dados. Distribúyala en 4 cuadrados de papel de aluminio, aromatícela con la canela, cierre el papel de aluminio y póngalo en el horno caliente con el termostato en 6 durante 30 minutos. Sírvalo tibio o frío.

❖❖ Ensalada de cítricos a la menta (3 personas)

1 naranja
1 pomelo
3 clementinas
Menta fresca

Pele la fruta y extraiga los gajos (quite la piel). Dispóngalos en 3 platos y esparza por encima la menta fresca cortada. Si el sabor es demasiado ácido, puede añadir un edulcorante en polvo.

Leche con vainilla (1 persona)

250 ml de leche semidescremada
1 rama de vainilla
Facultativo: 1 cucharadita de edulcorante en polvo

Ponga la leche a calentar con la rama de vainilla y apague el fuego en cuanto rompa a hervir, coloque la tapadera y déjela reposar durante 20 minutos. Esta leche se puede beber tibia o fría, endulzada o no con un edulcorante en polvo.

Leche caliente con canela (1 persona)

250 ml de leche semidescremada
1 cucharadita de canela
Facultativo: 1 cucharadita de edulcorante en polvo.

Ponga la leche a calentar con la canela y apague el fuego en cuanto rompa a hervir, coloque la tapadera y déjela reposar durante 15 minutos. Si lo desea, puede añadir un edulcorante en polvo una vez la mezcla esté tibia.

Lecha aromatizada con té (1 persona)

250 ml de leche semidescremada
1 sobre de té
Facultativo: 1 cucharadita de edulcorante en polvo.

Ponga la leche a hervir. Fuera del fuego, introduzca el sobre de té para hacer una infusión durante unos minutos. Añada o no un edulcorante en polvo.

❖ Leche fresca a la menta (1 persona)

250 ml de leche semidescremada
5 hojas de menta fresca
Facultativo: 1 cucharadita de edulcorante en polvo.

Ponga la leche a hervir con las hojas de menta. Coloque la tapadera y déjela a fuego suave durante unos 15 minutos. Después déjela enfriar y sírvala muy fría, endulzada o no con un edulcorante en polvo.

❖ Requesón a la canela (1 persona)

100 g de requesón con un 0 a 20% de materia grasa
1 cucharada de leche semidescremada
1 cucharadita de canela
Facultativo: 1 cucharadita de edulcorante en polvo

Ponga a hervir la leche con la canela. Déjela enfriar y después incorpórela al requesón. Endulce con el edulcorante en polvo.

❖ Requesón a la vainilla (1 persona)

100 g de requesón con un 0 a 20% de materia grasa
1 cucharada de leche semidescremada
1 vaina de vainilla
Facultativo: 1 cucharadita de edulcorante en polvo

Corte la rama de vainilla en dos y extraiga las semillas negras. Ponga a hervir la leche con la vaina y las semillas de vainilla. Déjela enfriar, quite la vaina e incorpore la leche al requesón. Endulce con el edulcorante en polvo.

❖ Bavarois a la vainilla (4 personas)

250 ml de leche descremada
200 g de requesón con un 0 a 20% de materia grasa
2 huevos enteros + 1 yema
1 rama de vainilla
5 hojas de gelatina
Unas 4 cucharadas de edulcorante en polvo

Coloque la gelatina en un tazón con agua fría para que se ablande. En una ensaladera, bata las 3 yemas de huevo. Corte la rama de vainilla por la mitad. Ponga a hervir la leche con la vainilla. Vierta la leche hirviendo en las yemas de huevo, remueva y vuelva a poner a fuego suave hasta que la mezcla se espese (esto suele ocurrir cuando la espuma que se encuentra en la superficie desaparece), removiendo continuamente. Retire la rama de vainilla. Fuera del fuego, añada la gelatina escurrida, el requesón y el edulcorante. Bata las claras a punto de nieve e incorpórelas a la mezcla una vez fría. Colóquelo en un molde de bizcocho y déjelo en el refrigerador durante una noche.

❖ NUESTRA PROPUESTA:

Este *bavarois* es delicioso con una crema de frutos rojos (fresas, frambuesas o arándanos pasados por la batidora con un edulcorante en polvo y, eventualmente, unas hojas de menta fresca). También puede prepararlo con zumo de limón en lugar de vainilla; en este caso, añada el zumo de limón al final, a la mezcla fría.

Bibliografía abreviada

Anderson, J., y otros, *American Journal of Clinical Nutrition,* nov. 2001, vol. 74, pp. 579-584.

Apfelbaum M., J. Fricker y L. Igoin-Apfelbaum, «Low and very-low-calorie diet», *Am. J. Clin. Nutr.,* 1987, n° 45, pp. 1.126-1.145.

Astrup, A., y S. Rössner, «Lessons from obesity management programs: greater initial weight loss improves long-term maintenance», *Obesity Review,* 2000, n° 1, pp. 17-19.

Fricker, J., *Abrégé d'obésité,* Masson, París, 1995.

Fricker, J., y M. Apfelbaum, «Le métabolisme de l'obésité», *La Recherche,* 1989, n° 20, pp. 201-208.

Holt, S. H., y otros, «A satiety index of common foods», *Eur. J. Clin. Nutr.,* 1995, n° 49, pp. 675-690.

Kant, A. K., «Consumption of energy-dense, nutrient-poor fods by adults Americans: nutritional and health implications», *Am. J. Clin. Nutr.,* 2000, n° 72, pp. 929-936.

Pekkarinen, T., y P. Mustajoki, «Comparison of behaviour therapy with and without very-low-energy diet in the treatment of morbid obesity. A 5-year outcome», *Arch. Intern. Med.,* 1997, n° 157, pp. 1.581-1.585.

Poppitt, S. D., y otros., «Long-term effects of ad libitum low-fat, hight-carbohydrate diets on body weight and serum lipids in overweight subjects with metabolic syndrome», *Am. J. Clin. Nutr.,* 2002, n° 75, pp. 11-20.

Rolls, B. J., y otros, «Increasing the volume of a food by incorporating air affects satiety in men», *Am. J. Clin. Nutr.*, 2000, nº 72, pp. 361-368.

Stubbs, R. J., y otros, «Covert manipulation of dictary fat and energy density: effect on substrate flux and food intake in men eating ad libitum», *Am. J. Clin. Nutr.*, 1995, nº 62, pp. 316-329.

Toubro, S., y A. Astrup, «Randomised comparison of diets for maintaining obese subjects' weight after major weight loss: ad lib, low fat, high carbohydrate diet v fixed energy intake», *BMJ*, 1997, nº 314, pp. 29-34.

Wadden, T. A., *Eating Disorders and Obesity*, Guilford, Nueva York, 1995.

Weinsier, R. L., Y otros, «Do adaptative changes in metabolic rate favor weight regain in weight-reduced individuals? An evaluation of the set-point theory», *Am. J. Clin. Nutr.*, 2000, nº 72, pp. 1.088-1.094.

Westenhoefer, J., A. J. Stunkard y V. Pudel, *Int. J. Eat Disord*, 1999, nº 26, pp. 53-64.